Douglass • Scheunemann • Vogt

Träume nicht dein Leben – Lebe deinen Traum

Wie eine klare Vision
den Alltag verändert

Klaus Douglass • Kai Scheunemann • Fabian Vogt

Träume nicht dein Leben – Lebe deinen Traum

Wie eine klare Vision den Alltag verändert

EDITION
KIRCHE MIT VISION

Projektion J Verlag

Den Mitarbeitern der Andreasgemeinde:
Ihr seid ein Traum!

Die Bibelstellen wurden der Luther-Übersetzung entnommen.
Auf der Grundlage der neuen Rechtschreibregeln.

ISBN 3-89490-229-9

Umschlaggestaltung und -foto: Hanni Plato
Lektorat: Fred Ritzhaupt
Satz: Projektion J
Druck und Verarbeitung: Ebner Ulm

2 3 4 02 01 00

Inhalt

Einleitung

Warum Träume unser Leben verändern können

Wo immer Menschen Mut zum Träumen haben, können sie sich und die Welt verändern. Wo immer Menschen aufhören zu träumen, kommt es zum Stillstand. Warum geht es in der Kirche nicht mehr voran? Antwort: Weil wir keine Träumer mehr haben. Warum geht es in unserem Leben nicht mehr voran? Weil wir aufgehört haben zu träumen. Warum geht es mit unserer Gesellschaft bergab? Weil uns die Träume ausgegangen sind. Hier erfahren Sie, warum Träume der Schlüssel zu einem erfüllten Leben sind.

Einführung

Am Anfang des Menschseins steht ein Traum. Gott träumt: »Lasst uns Menschen machen, ein Wesen so wie wir, das sich um alle Lebewesen auf Erden kümmert.« Begeistert sitzt Gott vor seinem Zeichentisch und freut sich über diesen großartigen Einfall. Voller Elan versucht er, sich vorzustellen, was alles machbar wäre, wenn … unglaublich. Und während er noch ganz in seiner herrlichen Vision versunken ist, rauscht es plötzlich um ihn her. Die drei Erzengel kommen mit würdigen Gesichtern vorbei und erhaschen im Anflug einen Blick auf die ersten gewagten Entwürfe Gottes. Gabriel bricht sofort in demütig-verhaltenes Lachen aus: »Was soll denn das sein? Menschen? Lass es, Gott! Du bist ein Träumer. Das wird doch nie etwas.« Uriel dagegen fängt mit nörgelnder Stimme an zu jammern: »Willst du dir das nicht noch mal überlegen? Wer weiß, wie das mit diesen Menschen wird! Vielleicht misslingen sie. Möglicherweise sind sie sogar böse. Stell dir vor, was da alles passieren kann. Herrgott, bleib bei deinen Engeln!« Und Michael sagt sehr ernst und würdig: »Menschen? Das gab's ja noch nie! Immer dieser neumodische Kram. Es ist gut so, wie es ist. Das hast du doch selbst gesagt. Keine Experimente mit fragwürdigem Ausgang!«

Sie wissen ja, was damals passierte: Gott ist ein Träumer, ein echter. Er lässt sich nicht durch scheinbare Logik, durch Unsicherheit oder durch das Beharren am immer schon Dagewesenen von seinen Plänen abbringen. Er weiß, was gut wird, und setzt seine Träume in die Tat um. Welch ein Segen für uns! Die ganze Geschichte des Volkes Israel zeigt, dass Gott seine Ideen immer kraftvoll und unbeirrt angeht. Er war und ist ein Träumer. Und die vielen Menschen, die irgendwelche Einwände gegen seine Pläne hatten – man denke nur an den zögerlichen Mose, der überhaupt keine Lust in sich verspürte, Gottes Traum vom Auszug seines Volkes aus Ägypten konkret anzupacken –, mussten erleben, dass sie bei Gott plötzlich das Unsichtbare sehen, das Unglaubliche denken und das Unmögliche wagen konnten.

Wenn wir Ihnen eines mit diesem Buch vermitteln wollen, dann ist es unsere Überzeugung, dass Gott die Menschen nach seinem Bilde als Träumer geschaffen hat. Als Lebewesen, die nicht nur begabt sind, in ihrer Fantasie Unglaubliches zu erdenken, sondern das Erdachte auch wirklich umzusetzen. Jeder ist von Gott mit fantastischen Lebensträumen ausgestattet worden. Einen Menschen ohne Träume gibt es nicht! Wohl aber viele, die sich fürchten, sie zu leben. Dabei wird nur jemand, der seine Träume umsetzen kann, das Leben in seiner ganzen Fülle erfahren. Wahrscheinlich weint Gott über jeden Traum, der ungeträumt in einem Menschen verkümmert, und er feiert ein Fest für jeden verwirklichten Traum, der etwas in dieser Welt verändert. Denn das tun Träume: Sie verändern die Welt. Mal in kleinem, mal in großem Rahmen. Dass sie das tun und wie das gelingen kann, darum geht es in diesem Buch.

Jeder ist von Gott mit fantastischen Lebensträumen ausgestattet worden.

»Träume«, so verstehen wir diesen Begriff, meint nicht die vielen nächtlichen Eindrücke, kurzfristige Erwartungen oder motivierende Ideen für den Alltag, die uns begleiten. Ein echter Traum hat immer mit der Existenz des Menschen zu tun. Er fragt, ob wir das, was in uns angelegt ist, was uns Erfüllung bringen könnte, verkümmern lassen oder zum Blühen bringen. Und um es einmal ganz deutlich zu sagen: Normalerweise entscheidet sich an dieser Frage, ob ein Leben gelingt oder nicht!

Es ist kein Traum, wenn wir gerne dünner wären und nur noch nicht wissen, wann wir endlich stark genug sind, mit der Diät zu beginnen. Wenn es nur an unserem Engagement oder unserer Faulheit liegt, ob wir ein Ziel erreichen, brauchen wir einfach nur Motivation. Ein Lebenstraum hat noch ganz andere Dimensionen. Zu ihm gehört, dass wir dabei unsere natürliche Vorstellung von dem, was wahrscheinlich sein könnte, ausschalten. Zu ihm gehört unsere Überzeugung, dass etwas machbar ist, was fast unvorstellbar scheint. Dass wir etwas zu denken, oder im wahrsten Sinne des Wortes zu träumen wagen, was uns zwar erstrebenswert, aber kaum realisierbar scheint. Denn sonst hätten wir ja schon längst mit seiner Verwirklichung angefangen. Träumer halten Unmögliches für möglich. Das mag seltsam klingen, aber vergessen Sie nicht: Alles, was heute in unserer Gesellschaft möglich ist, galt zu irgendeinem Zeitpunkt einmal als unmöglich! Autos, Computer, Arzneimittel, Atomkraftwerke oder die Demokratie. Die Unmöglichkeiten von heute sind die Wunder von morgen – und die Selbstverständlichkeiten von übermorgen. Das gilt auch und erst recht für Ihr persönliches Leben. Wenn Sie darauf ver-

Die Unmöglichkeiten von heute sind die Wunder von morgen – und die Selbstverständlichkeiten von übermorgen.

trauen dürfen, dass Sie fast Unvorstellbares wagen können, weil Gott mit Ihnen ist, wird sich Ihr Leben verändern.

Alle Menschen ahnen, dass es etwas zu entdecken und zu entwickeln gibt in dieser Welt. Das ist ein Grundprinzip des Menschseins. Leider gibt es aber auch ein bremsendes Grundprinzip, das dagegen arbeitet: den Hang zur Sicherheit, zur Gewohnheit, zur Kontrollierbarkeit und zur Machbarkeit. Wir haben Angst vor dem Unbekannten, nach dem wir uns sehnen! Vielleicht, weil wir ganz genau spüren, dass es unser Leben radikal in Frage stellen oder sogar verändern könnte.

Wir haben Angst vor dem Unbekannten, nach dem wir uns sehnen!

Wir wollen Ihnen Mut und Lust am Träumen machen! Weil wir viel zu oft feststellen, dass Menschen ihre Träume verdrängen anstatt sie in eine lebensstiftende Quelle des Glücks zu verwandeln. Das Leben in seiner ganzen Fülle gewinnen können Sie überhaupt nur, wenn Sie träumen. Wer vor seinen Träumen davonläuft, läuft vor dem Leben davon. Aber wer seinen tiefsten inneren Sehnsüchten nachgibt, der kann nicht verlieren, denn er ist ganz bei sich – und bei Gott. Und nur da, wo wir von Gott Mut bekommen, neue Welten zu entdecken, blühen wir auf.

Machen wir zu Beginn ein kleines Gedankenexperiment. Können Sie sich vorstellen, einfach mal alle Einschränkungen, die die Wirklichkeit und Ihre bisherigen Erfahrungen scheinbar setzen, alle Zweifel, Ängste, Unsicherheiten und Unwahrscheinlichkeiten zu vergessen und völlig frei vor sich hinzuträumen, was aus Ihrem Leben werden könnte? Was ist in Ihrem Innersten verborgen, was Sie gern noch einmal anpacken, erreichen und vollbringen würden? Worum würden Sie bitten, wenn Gott Ihnen Ihren größten Traum erfüllen würde? Wenn es keine Verpflichtungen und keine Hindernisse gäbe, wer und was wären Sie dann gerne? Gott möchte, dass wir unsere Träume ernst nehmen, und die Bibel ist voller Menschen, die mit Gottes Hilfe Dinge erreichten, die sie vorher als Märchen abqualifiziert hätten. Mose wird Befreier, David König, Jesaja Prophet und Jona Unheilsprediger. Sie alle haben das für völlig unwahrscheinlich gehalten, haben alle ihre Zweifel und Ängste vor Gott gebracht oder sind sogar davongelaufen. Warum? Weil sie erst lernen mussten, dass bei Gott nichts unmöglich ist.

Als Johannes der Täufer Jesus fragt, ob dieser denn der Sohn Gottes sei, sagt Jesus nicht Ja oder Nein, er erzählt schlicht und ohne langatmigen Kommentar von all den Träumen, die wahr geworden sind: »Blinde sehen, Lahme gehen, Aussätzige werden rein, Taube hören, Tote stehen auf, Armen wird das Evangelium gepredigt.« Jesus weist auf seine Vollmacht hin, indem er von den Menschen berichtet, in deren Leben etwas, was sie wohl nicht einmal zu träumen gewagt hätten, Realität geworden ist. Da, wo wir uns unseren Träumen stellen, geben wir Jesus die Möglichkeit, in unserem Leben zu wirken und seine Vollmacht zu beweisen, da, wo wir vor unseren Träumen flüchten, nehmen wir sie ihm. Die Botschaft Jesu an Johannes ist: Ich bin der, der Träume wahr macht. Der den Menschen von dem, was sie in sich sehen, zu dem verhilft, was Gott in ihnen sieht. Darum heißt träumen immer auch, nicht unsere Fähigkeiten und Kräfte zu

Da, wo wir uns unseren Träumen stellen, geben wir Jesus die Möglichkeit, in unserem Leben zu wirken und seine Vollmacht zu beweisen.

aktivieren, sondern auf Gottes Fähigkeiten zu vertrauen. Und die sind so groß, dass wir eigentlich keine Angst zu haben brauchen. Die Bibel sagt: Ohne Glauben ist es unmöglich, Gottes Willen zu tun. Und Glaube beginnt da, wo ich meine Vorstellungskraft »ausweiten« lasse.

Einer, der für seine Träume nicht nur Gefängnis, Feindschaft und einen üblen Reinfall im Brunnen auf sich nahm, war Josef, der faszinierendste, aber auch der menschlichste aller Träumer in der Bibel. Einer, der erst ganz langsam lernen musste, wie man mit Träumen so umgeht, dass sie die Mitmenschen nicht verärgern und verunsichern, sondern ihnen helfen und zum Heil für viele werden. Einer, der mit ganz unterschiedlichen Träumen konfrontiert war, aber nie vergaß, dass Gottes Träume gesegnet sind. Und sie waren wirklich gesegnet – in jeder Hinsicht. Sie machten sogar mit der Zeit aus einem ziemlich eingebildeten Knaben einen großen Menschenfreund. Am Ende hatte Josef verstanden, wie das gesunde Entwickeln einer Vision das Leben verändern kann und wie sich unsere Träume mit denen Gottes vereinen lassen. Anhand dieser unglaublich schönen und lehrreichen Geschichte wollen wir versuchen, ihnen die Kunst des Träumens ein bisschen schmackhaft zu machen.

Die einzelnen Abschnitte dieses Buches sind nicht wie in einem Lehrbuch aufgebaut, da ihnen jeweils Gemeindepredigten zugrunde liegen. Und wie dem so ist: Jeder der Prediger hat seinen eigenen Stil, seinen eigenen Zugang und seine Art, die Geschichte des Josef zu interpretieren. Aber vielleicht hilft Ihnen gerade diese Vielfalt, etwas von der Tiefe, der Buntheit und der Menschlichkeit der Josefsträume zu verstehen. Uns ist wichtig, dass Sie nach der Lektüre Ihre Lebensträume nicht nur mit neuem Mut betrachten, sondern so entschieden wie möglich anfangen, diese Träume auch zu leben. Dazu gehört sicher viel Kraft, aber es ist nie zu spät dazu. Es gibt kein Alter und keine Umstände, die einen echten Gottestraum bremsen könnten. Lassen Sie sich so etwas bitte niemals einreden. Im Gegenteil: Pflegen Sie Ihre Träume. Denken Sie etwa an die berühmte naive Malerin Grandma Moses, die schon über 70 war, als sie herausfand, welche Talente in ihr steckten. Mit 80 hatte sie ihre erste große Ausstellung in New York und als sie im 101. Lebensjahr starb, war sie weltberühmt geworden. Auch sie ließ sich von nichts abschrecken. An dem Tag, an dem zum erstenmal ein Agent bei ihr anklopfte und sagte, er könne sie nur fördern, wenn sie ihm sofort zehn ihrer Bilder mitgäbe, sägte sie einfach eines der neun, die sie besass, in der Mitte durch. Wer ein Ziel hat, der findet auch einen Weg. Wer kein Ziel hat, sucht gar nicht erst.

Wer kein Ziel hat, sucht gar nicht erst.

Gott aber hört sich die Einwände der Erzengel mit einem schelmischen Gesichtsausdruck an. Dann klatscht er vor Freude in die Hände: »Menschen sind etwas Großartiges. Und außerdem: Wenn nicht sie, wer soll denn dann je die Erzengel ernst nehmen? Wir brauchen den Menschen. Wenn ich ihn nicht hinbekomme, dann bin ich nicht ich. Und um euch zu zeigen, dass ich Recht mit meinem Ziel habe, werde ich nicht nur Menschen schaffen, ich werde ihnen auch Träume geben. Dann werden sie richtig amüsant. Und wäre das nicht ein herrlicher Job für euch: den Menschen beim Verwirklichen ihrer Träume zu helfen?« Die drei Erzengel schauen sich einen Augenblick an, dann eilen sie schon ein wenig eifriger in die himmlische Kammer für Lehm und Odem.

Kapitel 1

Aufbruch oder Illusion?

Vom Umgang mit den eigenen Träumen

In diesem Kapitel lesen Sie, wie gut es tut, sich mit den eigenen Träumen auseinanderzusetzen. Aber auch, welche Gefahren darin stecken. Denn schon wenn Sie anfangen, offen über Ihre Träume zu reden, wird sich einiges in Ihrem Leben ändern. Damit das zu einer beglückenden und erfolgreichen Erfahrung wird, zeigen wir, was man vom ersten großen Traum Josefs über die Risiken und Nebenwirkungen, aber auch die einzigartigen Chancen einer Vision lernen kann.

Josef war siebzehn Jahre alt und war ein Hirte bei den Schafen mit seinen Brüdern; er war Gehilfe bei den Söhnen Bilhas und Silpas, der Frauen seines Vaters, und brachte es vor ihren Vater, wenn etwas Schlechtes über sie geredet wurde. Israel (das war der Beiname Jakobs) aber hatte Josef lieber als alle seine Söhne, weil er der Sohn seines Alters war, und machte ihm einen bunten Rock. Als nun seine Brüder sahen, dass ihn ihr Vater lieber hatte als alle seine Brüder, wurden sie ihm feind und konnten ihm kein freundliches Wort sagen. Dazu hatte Josef einmal einen Traum und sagte seinen Brüdern davon; da wurden sie ihm noch mehr feind. Denn er sprach zu ihnen: Höret doch, was mir geträumt hat. Siehe, wir banden Garben auf dem Felde, und meine Garbe richtete sich auf und stand, aber eure Garben stellten sich ringsumher und neigten sich vor meiner Garbe. Da sprachen seine Brüder zu ihm: Willst du unser König werden und über uns herrschen? Und sie wurden ihm noch mehr feind um seines Traumes und seiner Worte willen. Und er hatte noch einen zweiten Traum, den erzählte er seinen Brüdern und sprach: Ich habe noch einen Traum gehabt; siehe, die Sonne und der Mond und elf Sterne neigten sich vor mir. Und als er das seinem Vater und seinen Brüdern erzählte, schalt ihn sein Vater und sprach zu ihm: Was ist das für ein Traum, den du geträumt hast? Soll ich und deine Mutter und deine Brüder kommen und vor dir niederfallen? Und seine Brüder wurden neidisch auf ihn. Aber sein Vater behielt diese Worte (Genesis 37,2–11).

Unsere Träume

Gott hat in jeden Menschen einen Traum hineingepflanzt – auch in Sie. Einen herrlichen Traum, der uns hilft, die in uns angelegten Gaben zu entfalten und unser Leben zum Blühen zu bringen. Und dort, wo Sie jemanden treffen, dessen Leben von Pessimismus und Hoffnungslosigkeit gezeichnet ist, steckt hinter der Verbitterung in der Regel eine Angst vor der Auseinandersetzung mit den eigenen Träumen. Erfülltes Leben gibt es aber nur mit erfüllten Träumen. Vielleicht ist das überhaupt das größte Geschenk Gottes an die Menschen: dass sie über sich hinausdenken und in ihrer Fantasie Raum und Zeit durchdringen können. Dass sie in der Lage sind, kreativ Grenzen zu sprengen und dabei zu erkennen, wie groß und vielfältig die Welt ist, in der sie leben. Und sie können sich Ziele stecken. Etwas, was kein Tier beherrscht. Darum sind Egoisten in der Regel sehr schlechte Träumer. Träumer entdecken, dass ihnen tatsächlich Dinge gelingen, die sie nie für möglich gehalten haben. Aber wie geht man damit um?

Wer träumt, der denkt über sich hinaus.

Zu Beginn muss man sich die Bedeutung von Lebensträumen erst einmal eingestehen. Denn schon das fällt uns schwer. Warum? Weil Träume immer etwas mit Arbeit, mit Veränderung, mit einem Aufbruch ins Ungewisse und mit Vertrauen zu tun haben. Und trotz dieser Herausforderungen: Wir nehmen uns das Wichtigste im Leben, wenn wir die Macht von Träumen nicht akzeptieren. Vielleicht haben Sie sich das noch nie klar gemacht: Jede große Errungenschaft dieser Welt wurde erreicht, weil irgendjemand einen Traum hatte. Ganz gleich von welchen Lebenszusammen-

Jede große Errungenschaft dieser Welt wurde erreicht, weil irgendjemand einen Traum hatte.

hängen wir reden: Am Anfang einer bedeutenden Entdeckung, Erfindung, politischen Umwälzung oder sozialen Umstrukturierung steht immer die Sehnsucht von einem oder wenigen Menschen, die es wagen, mit ihrem Traum gegen die Realität und unzählige Spötter und Kritiker anzutreten. Wir wüssten bis jetzt noch nicht, dass Amerika existiert, wenn nicht jemand einen Traum gehabt hätte. Einen Traum, die eigenen Grenzen zu verlassen, sich auf das unsichere Meer zu begeben und etwas ganz Neues zu finden. Und: Columbus hat nicht nur geträumt, er hat den Traum auch in die Tat umgesetzt. Bei all diesen Veränderungen ist es auch immer wieder vorgekommen, dass die Verwirklichung großer Pläne mit ganz kleinen Schritten anfing. Oft waren es lächerlich kleine Schritte, aber hinter ihnen stand ein überwältigender Traum, der letztlich zum Ziel führte.

Man kann es aber auch umgekehrt zeigen: Wo immer Menschen aufhörten zu träumen, kam es zum Stillstand. Warum geht es in der Kirche nicht mehr voran? Antwort: Weil wir keine Träumer mehr haben. Warum geht es in unserem Leben nicht mehr voran? Weil wir aufgehört haben zu träumen. Warum geht es mit unserer Gesellschaft bergab? Weil uns die Träume ausgegangen sind. Wir reden allzu oft nur noch darüber, wie wir das Schlechte einigermaßen in den Griff bekommen können, nicht mehr darüber, wie denn eigentlich das Gute auszusehen hat, das wir erreichen wollen. Kirchen, Parteien, Vereine, aber auch die einzelnen darin verbundenen Menschen haben sich angewöhnt, das Negative zum Kern ihrer Ideen und Planungen zu machen. Natürlich wollen sie es eigentlich abschaffen, aber weil es zum einzigen Inhalt aller Auseinandersetzungen wird, bleibt kein Raum für eine Vision des Positiven. Menschen, deren Denken und Handeln dagegen von einer klaren Vision motiviert ist und die für etwas sind, erreichen mehr, als Menschen, die immer nur gegen etwas ankämpfen.

Nichts bewegt sich im Lebensbereich von uns Menschen, ohne dass einer einen Traum hat. Napoleon sagte einmal: »Die Fantasie, die Vorstellungskraft, die Imagination regiert diese Welt.« Und Einstein fügte hinzu: »Vorstellungskraft ist wichtiger als Wissen.«

Vorstellungskraft ist wichtiger als Wissen.

Es gibt keinen Menschen auf der Welt, dem Gott nicht diese Fähigkeit mit auf den Weg gegeben hätte. Schauen Sie sich doch einfach einmal Kinder an: Sie spielen im Sandkasten und der Sandkasten wird zur Ritterburg mit Drachen und Feen und Prinzessinnen. Sie spielen im Garten und der Garten wird zum Märchenwald mit Hexen, Zauberern und Dinosauriern. Ja, bisweilen wird die Fantasiewelt wichtiger als die Wirklichkeit. Weil sie so schön, aufregend und mitreißend ist. Wir sind geborene Träumer. Was ist geschehen, dass uns diese Fähigkeit im Laufe der Jahre abhanden gekommen ist? Die ernüchternde Antwort lautet: Wir sind erwachsen geworden und für viele von uns heißt das: Wir haben aufgehört zu träumen. Manch einer von uns hat seine Träume vielleicht noch über das Studium gerettet, aber dann kommt die Tretmühle des Berufs, des Alltags, das tägliche Pendeln zwischen Wickeltisch, Büro oder Betrieb und innerhalb von zwei, drei Jahren werden unseren Träumen nicht nur die Flügel gestutzt, sie vegetieren dahin wie Tiere in einem Käfig. Falls wir uns ihnen dann doch einmal in einer ruhigen Stunde nähern, schnappen sie nach uns, weil wir sie sträflich vernachlässigt haben.

Jeden Tag begegnen wir Menschen, die aufgehört haben zu träumen und die deswegen weit unterhalb ihrer Möglichkeiten leben. Darum ist es eine der fundamentalsten Aufgaben der Nächstenliebe und auch einer Gemeinde, in den Menschen wieder die Fähigkeit zum Träumen zu erwecken. Wer nicht träumt, hat auch keine Motivation, in seinem Leben etwas zu verändern. Wer nicht träumt, ist bereit, sich mit seinem Unglücklichsein abzufinden, weil er dieses wenigstens überschauen kann, während er dem Glück misstraut. Wer nicht träumt, betrügt sich selbst um das Leben. Fast könnte man das Nichtträumenkönnen mit einer Krankheit vergleichen, die mich so sehr in Beschlag genommen hat, dass ich mir ein Leben ohne sie überhaupt nicht mehr vorstellen kann. Selbst dann nicht, wenn plötzlich jemand käme, der mir klar machen möchte, dass diese Krankheit heilbar sei.

Jeden Tag begegnen wir Menschen, die aufgehört haben zu träumen und die deswegen weit unterhalb ihrer Möglichkeiten leben.

Wir Menschen sind nun mal verschieden und so gibt es natürlich bei den Träumen auch verschiedene Formen, wie Menschen mit ihnen umgehen. Darum ist es wichtig, dass wir uns erst einmal bewusst machen, zu welcher Art von »Träumern« wir eigentlich gehören.

Da sind erstens die Menschen, die *keinen* Traum mehr haben. Die nicht wissen, was sie wollen und wofür sie eigentlich da sind. Die Anzahl dieser Menschen nimmt erschreckend zu. Sie sind wie Leute, die durch einen Supermarkt gehen und ihre Einkaufsliste vergessen haben. Sie brauchen eigentlich eine Packung Tempotaschentücher, aber sie kommen mit zwei Heringen nach Hause. Sie sind wie Fußballer, die nicht wissen, dass sie den Ball ins Tor bringen sollen. Ein Leben ohne Träume ist *frustrierend.* Man agiert nicht, sondern reagiert. Irgendetwas passiert im Lebensumfeld und man versucht, irgendwie damit zurechtzukommen. Man spielt mit, aber die Regeln hat ein anderer aufgestellt. Man lebt nicht, man wird gelebt. Diese Feststellung hat nichts mit einer von oben herab verurteilenden Kritik zu tun. Wir alle erfahren tagtäglich, dass wir Dinge tun müssen, die von außen an uns herangetragen werden und die wir freiwillig sicher nicht so planen würden. Das fängt bei der Steuererklärung an und hört beim unerwarteten Verlust eines Freundes noch lange nicht auf. Wir verfügen nicht über unser Dasein. Und gerade diese Erkenntnis lässt viele Menschen resignieren. Dabei ist sie nur die eine Seite der Medaille. Je stärker die äußeren Zwänge in einem Leben sind, desto wichtiger ist es, die Träume dagegen zu setzen und bei aller Unverfügbarkeit der Dinge, die kommen, unseren gestalterischen Freiraum verantwortlich auszufüllen.

Je stärker die äußeren Zwänge in einem Leben sind, desto wichtiger ist es, die Träume dagegen zu setzen.

Ein Leben ohne Träume ist außerdem *langweilig*. Wozu soll man morgens aufstehen, wenn man keine Ziele hat? Man funktioniert vielleicht, aber auf Dauer ist das nicht befriedigend. Darum macht ein Leben ohne Träume auf Dauer auch *depressiv.* Früher oder später fängt man nämlich doch an – sei es bewusst oder unbewusst –, über die vielen Möglichkeiten nachzudenken, die man nicht genutzt hat, und es überkommt einen Katzenjammer über das ungelebte Leben: »Hätte ich doch nur …«

Zweitens gibt es Menschen mit *kleinen Träumen*. Sie hangeln sich von einem kalkulierbaren persönlichen Erfolg zum nächsten: die anstehende Beförderung, das Großwerden der Kinder, vier Richtige im Lotto, der neue, etwas größere Wagen, ein luxuriöser Urlaub, das abbezahlte Häuschen, die gesicherte Rente … Nichts wirklich Riskantes, nichts Herausforderndes, gerade so viel, dass es sie weitermachen und vorangehen lässt. Sicherheitsträumer. Wahrscheinlich gehören die meisten Menschen in diese Kategorie. Wenn man sie fragt, wie es ihnen geht, antworten sie gern mit einem der perversesten – und übrigens nur in Deutschland bekannten – Sätze: »Ich kann nicht klagen!« Grauenhaft, oder? Natürlich ist auch das jetzt etwas plakativ formuliert und wir alle freuen uns, wenn kleine Träume wahr werden, aber die Angst der Sicherheitsträumer, sich ihren wahren Wünschen zu stellen, ist oft so groß, dass sie sich mit zu wenig zufrieden geben. Wahrscheinlich hat jeder von uns eine Menge dieser Leute aufwachsen sehen. Das Potenzial, dass sie tief in sich verschlossen halten, ist ungeheuer groß. Wenn sie es freisetzen würden, könnten sie viel in dieser Welt verändern! Aber da ist so eine Kläglichkeit, die sie immer wieder zurückschrecken läßt: »Wer bin ich schon, solche großen Träume zu träumen?« Der christliche Glaube hat darauf eine Antwort: Du bist ein Kind Gottes, du bist ein Ebenbild Gottes, Gott hat eine Menge von seinem Wesen in dich hineingelegt. Du hast ein Recht, große Träume zu träumen!

Die Angst der Sicherheitsträumer, sich ihren wahren Wünschen zu stellen, ist oft so groß, dass sie sich mit zu wenig zufrieden geben.

Die dritte Gruppe sind die Menschen mit *falschen* Träumen. Man kann häufig erleben, dass Menschen, die erstklassig begabt sind, ihre Gaben für zweitklassige Ziele einsetzen. Sie trauen sich selbst zu wenig zu oder ahnen nicht einmal, wozu sie fähig wären. Sie verpulvern ihre besten Jahre und ihre besten Kräfte für eine Firma, die nicht einmal ihnen gehört und in der jemand ihre Talente nutzt, um sich eine goldene Nase zu verdienen. Oft gibt es ganz viele Menschen in der Umgebung solcher Begabten, die längst gemerkt haben, welche Möglichkeiten in diesen stecken, die aber auch nicht auf die Idee kommen, sie zu ermutigen, den eigenen Weg zu gehen. Viele dieser Träumer klettern die Erfolgsleiter sogar enorm hoch, um dann über den Wolken festzustellen, dass diese Leiter gegen die falsche Mauer gelehnt ist. Sie haben große Träume und kommen vielleicht auch da an, wo sie zunächst hinwollten, nur um dann festzustellen, dass sie tief in ihrem Herzen doch nicht dahin wollen, wo sie immer hinwollten. Viele dieser Menschen geben sogar zu, dass es ihnen beispielsweise gar nicht auf den Beruf selbst ankommt. Den mögen sie oft nicht einmal besonders. Sie hoffen aber, dass sie, wenn sie eine bestimmte Position oder ein bestimmtes Ziel erreicht haben, endlich glücklicher seien als im Augenblick und dann auch die Möglichkeit hätten, sich an die wahren Träume zu wagen: »Wenn ich erst mal Abteilungsleiter bin, dann habe ich genügend Zeit und Geld, um mit meinem richtigen Leben anzufangen. Wenn ich erst mal dies oder jenes bekomme, dann habe ich endlich die Freiheit, all das zu tun, wonach ich mich wirklich sehne.« Haben Sie jemals einen Menschen getroffen, bei dem das gestimmt hätte? Wer seine Träume immer vor sich her schiebt und glaubt, mit einem unglücklich erarbeiteten Fundament sei es einfach, zu träumen und glücklich zu werden, wird nie anfangen, richtig zu leben.

Viertens: Es gibt Menschen, die träumen »*Wolkenkuckucksträume*«. Sie machen sich Vorstellungen, die mit ihrer Person und ihren Möglichkeiten überhaupt nichts zu tun haben. Wenn ich davon träume, wie Arnold Schwarzenegger auszusehen, und ernsthaft glaube, ich könnte seine Statur erlangen, aber nur 1,60 Meter groß bin, mache ich mir etwas vor. Ich habe diese Woche die Schüler meiner vierten Klassen gefragt, welchen Beruf sie ergreifen wollen, und wie aus der Pistole geschossen antworteten eine ganze Menge Schüler: »Milliardär.« Es ist leider so, dass Wolkenkuckucksträume auf Dauer genauso frustrierend sind wie gar keine Träume. Einer, der sich vornimmt, innerhalb eines Jahres Millionär zu werden, indem er an der Börse spekuliert, kann vielleicht Glück haben, in der Regel wird er aber entdecken, dass es eben doch nicht so schnell funktioniert. Mancher fixiert sich auf bestimmte unerreichbare Dinge und erlebt dabei, dass er seinem Ziel nicht näher kommt. Wenn man öfters solche Erfahrungen macht, hört man bald ganz auf zu träumen. Man hat mal einen Versuch gemacht. Leute mussten Bälle in einen Korb werfen und der Clou dabei war, dass jeder die Entfernung selbst bestimmen durfte, aus der er den Ball werfen wollte. Die einen sagten: »Kein Problem« und stellten sich direkt vor den Korb. Andere stellten sich weit, weit weg, so dass sie überhaupt keine Chance hatten zu treffen. Vielleicht dachten sie, sie würden bei dem Versuch gut abschneiden, wer weiß. Und wieder andere suchten sich so ein Mittel: Weit genug, um eine Herausforderung zu sein, aber nicht so weit, dass es nicht möglich war. Es stellte sich heraus, dass diese Leute im »richtigen Leben« diejenigen waren, die am weitesten vorangekommen waren. Sie hatten es gelernt, das gute Maß zu finden zwischen Wolkenkuckucks- und gar keinen Träumen. Träume müssen uns herausfordern, aber sie dürfen nicht völlig utopisch sein. Und noch eines ist wichtig: Wenn ein Traum nicht in uns angelegt ist, dann werden wir auch nicht glücklich, wenn wir unser erdachtes Ziel tatsächlich erreichen. Mancher hat über Beziehungen, harte Arbeit, Tricks oder Gemeinheiten tatsächlich einen Wolkenkuckuckstraum verwirklicht. Nur wird er schnell feststellen, dass ihn das auch nicht annähernd befriedigt. Er besitzt auf einmal alles und fühlt sich immer noch leer. Echte Träume haben etwas mit unseren innersten Sein zu tun. Und wenn wir das nicht ernst nehmen, wird uns etwas fehlen.

Träume müssen uns herausfordern, aber sie dürfen nicht völlig utopisch sein.

Fünftens: Es gibt Menschen mit *vagen* Träumen, mit undeutlichen Vorstellungen von einer ganz anderen Qualität ihres Lebens. In solchen Menschen kann es regelrecht brodeln, vor allem, wenn sie irgendwie das Gefühl haben, etwas Bedeutendes tun zu sollen, oder wie man so schön sagt, »zu mehr berufen zu sein«. Doch was und wie bleibt im Dunkeln. Sie spüren sehr deutlich, dass da etwas in ihnen arbeitet, das hervorbrechen und Raum in ihrem Leben einnehmen will, aber sie haben sich noch nie bewusst gefragt, was das eigentlich ist. Sie haben keine konkreten Ziele und Pläne, sondern nur das intensive Bedürfnis, etwas Großes leben zu wollen. Diese Leute sind sehr unzufrieden mit dem Bestehenden, gleichzeitig wissen sie aber nicht, was sie eigentlich wollen. Normalerweise probieren solche Menschen ohne jedes Konzept verschiedene Dinge aus, haben aber meist schnell wieder genug davon. Sie brechen immer wieder angefangene Vorhaben, Ausbildungen oder Aktionen ab, sobald sie auf Probleme, Hindernisse oder Alltagskonflikte stoßen. Grund dafür ist letztlich ihre Unsicherheit, ob das, was sie tun, auch tatsächlich zu dem führt, was sie als unbestimmte Sehnsucht in sich spüren. Gerade Jugendliche sind oft solche vagen Träumer. Gerne wollen sie sich zu einer echten Persönlichkeit entwickeln, haben dafür aber nur selten die notwendige Geduld. Vor allem bringen sie ihre vagen Lebensentwürfe mit der sie umgebenden Realität nicht in Einklang. Oft müssen sie schmerzhaft feststellen, wie sehr das Leben hinter ihren Erwartungen zurückbleibt, und sie fangen etwas Neues an, das – so hoffen sie – schneller bestätigt, dass in ihnen etwas »Besonderes« steckt.

Sechstens: Es gibt Menschen, die träumen *Gottes* Träume. Das klingt vielleicht ein wenig wie ein Taschenspielertrick. Erst erzählen wir etwas von gar keinen oder von zu kleinen oder von falschen, überzogenen oder von vagen Träumen und ganz am Schluss ziehen wir *Gottes* Träume aus dem Hut – und das ist dann die Lösung? Nein, das ist nicht die Lösung. Jedenfalls keine leichte. Gottes Träume zu träumen bringt vielmehr einen Haufen Probleme mit sich. So viele Probleme, dass es oft sehr viel einfacher ist, gar keine oder zu kleine oder falsche oder vage Träume zu träumen. Zudem sind seine Träume nicht immer sofort zu verstehen. Aber Träume, die existenziell in unserem Leben angelegt und fest mit unseren persönlichen Gaben und Fähigkeiten verknüpft sind, sind nicht von den Zielen Gottes für uns zu trennen. Es gibt bestimmte Kriterien für Lebensträume, die von Gott kommen. Und wenn uns die klar sind, haben wir auch einen wichtigen Schlüssel zur Realisation dieser Träume.

Gottes Träume zu träumen bringt einen Haufen Probleme mit sich.

Möglicherweise haben Sie sich ja schon in einem der ersten fünf »Traumtypen« wiedergefunden. Dann entdecken Sie sicher auch bei sich selbst die Schwierigkeiten, die alle mit dem Träumen haben. Aber Gott will, dass wir Mut bekommen, die von ihm geschenkten Träume zu leben. Das würden wir Ihnen gerne anhand der berühmten Josefsgeschichte verdeutlichen. (Den Text finden Sie am Anfang dieses Kapitels. Lesen Sie ihn am besten noch einmal.)

Schon der erste Traum des jungen Josef bietet genügend Material, um daraus ein Buch über das Träumen zu machen. Wir wollen fünf wichtige Aspekte hervorheben:

1. Große Träume sind nichts Schlechtes!

Die meisten Christen kennen seit ihrer Kindheit die Geschichte von den Söhnen Jakobs und wahrscheinlich haben sie auch immer den Atem angehalten über die offensichtliche Vermessenheit dieses Traumes. Da kommt einer, das Papasöhnchen, daher und erzählt ohne jede Hemmung einen Traum, den man gar nicht anders interpretieren kann, als es die Brüder tun: »Dieser eitle Fatzke, der uns ohnehin immer verpetzt, will jetzt auch noch, dass wir uns ehrfürchtig vor ihm verneigen.« Man ist hin- und hergerissen über diesen jungen Mann, der so große Träume von seinem Leben hat und auch noch die Schamlosigkeit besitzt, darüber in aller Öffentlichkeit zu reden. Eigentlich unverschämt – doch insgeheim beneiden wir Josef um seine Fähigkeit, große Träume zu träumen und sich nicht darum zu kümmern, was die anderen davon halten! In der Regel glauben wir – wie wahrscheinlich die meisten Leser dieser Geschichte –, dass es sich von alleine verbietet, so zu denken, so zu träumen und erst recht so zu reden.

Man könnte das aber auch ganz anders sehen. Denn es zeigt sich ja, dass dieser Traum Josefs von Gott kam.

Die Bibel läßt da überhaupt keinen Zweifel. Alle Träume der Josefsgeschichte haben etwas mit Gott zu tun. Das heißt nicht, dass jeder größenwahnsinnige Traum, den ein Mensch träumt, von Gott kommt, aber: Gott hat für jeden von uns einen Traum, der weit über das hinausgeht, was wir sind und was wir uns vorstellen können. Noch einmal: Etwas, das wir durch ein bisschen Anstrengung erreichen können, ist kein Traum. Ein Schüler, der faul war und weiß, dass er mit etwas Anstrengung eine bessere Note bekäme, hat keinen Traum. Ein Traum zeichnet sich immer dadurch aus, dass er im Hier und Jetzt nicht vorstellbar ist und den Hauch des Unmöglichen mit sich bringt. Jeder Traum fordert uns auf, etwas zu denken, was wir eigentlich kaum für möglich halten. Aber: Gott hält für jeden von uns Möglichkeiten bereit, die weit über das hinausgehen, was man uns heute ansehen kann. In Epheser 3,20 (GN) heißt es: »Gott kann unendlich viel mehr an uns tun, als wir jemals von ihm erbitten oder uns ausdenken können.« Nicht jeder große Traum ist von Gott, aber jeder Traum von Gott ist ein großer Traum. Daher sollten wir nicht zu bescheiden sein. Wir dürfen gern gering von uns denken, aber wir dürfen nicht gering von Gottes Möglichkeiten mit uns denken. Viele Menschen haben in ihrem Leben und im Leben anderer sehr radikal erlebt, was Gott aus einem Nichts von einem Leben machen kann, wenn man es ihm nur hinhält.

Gott hat für jeden von uns einen Traum, der weit über das hinausgeht, was wir sind und was wir uns vorstellen können.

Große Träume müssen nicht von Gott sein, aber alle Träume von Gott spiegeln etwas von seiner Größe wider. Im Grunde kann man das sogar noch viel weiter verallgemeinern. Es ist sicher nicht zu gewagt zu behaupten, dass es gar keine großartigen Menschen gibt. Wir jedenfalls glauben das nicht! Unserer Meinung nach gibt es nur gewöhnliche Menschen, die sich ungewöhnlichen Träumen hingeben. Wenn ein gewöhnlicher Mensch sich einem großartigen Traum hingibt, dann ist es dieser Traum, der diese Person großartig macht. Wenn Sie einmal außergewöhnlichen Menschen begegnet sind, dann haben Sie sehr wahrscheinlich schon bald festgestellt: Das sind alles ganz normale Leute, und sie haben ihre Ecken und Kanten und Macken – aber sie träumen einen Traum und investieren ihr Leben für diesen Traum, und das macht sie ungewöhnlich. So ungewöhnlich, dass etwas mit ihnen und mit der Welt passiert, was zum Segen für viele wird. Wenn Sie wirklich feststellen wollen, ob jemand das Zeug zu großen Leistungen hat, dann müssen Sie nach seinen Träumen fragen, nicht nach seinen Fähigkeiten oder Studienabschlüssen. Fragen Sie nach den Träumen und Sie werden entdecken, dass manche Menschen mit den größten Talenten erfolglos bleiben, weil sie nicht wissen, wohin damit, während andere, die oft sogar weit weniger begabt sind, mit einem Traum anfangen, Berge zu versetzen. Und weil wir das eigentlich wissen, ist es auch kein Zufall, dass wir uns gegenseitig so gerne erzählen, dass Einstein sitzengeblieben, James Joyce von den Verlegern verspottet und Jean-Jacques Rousseau, der Erzieher einer ganzen Nation, ein schlechter Familienvater gewesen ist. Uns fasziniert an solchen Biografien der gewaltige Unterschied zwischen dem, was »alle

Wenn ein gewöhnlicher Mensch sich einem großartigen Traum hingibt, dann ist es dieser Traum, der diese Person großartig macht.

Welt« über jemand dachte und was letztlich aus dessen Leben wurde. Genau wie in unserer Josefsgeschichte.

Darum ist das allererste, das Sie sich einprägen müssen: Haben Sie keine Angst vor großen Träumen! Große Träume sind bei Gott »völlig normal«. Es ist eigentlich eine Tragik, dass in unseren Gemeinden nur noch wenige Menschen die lebendige Erwartung in sich tragen, dass Gott Großes für sie, für die Kirche und für die Welt tun kann. Aber Gott hat sich schon immer dadurch ausgezeichnet, dass er die Menschen überrascht hat. Er geht in seinen Plänen mit uns weit über das hinaus, was wir uns vernünftigerweise selbst zutrauen können. Jemand hat einmal gesagt: »Strebe große Dinge für Gott an und erwarte große Dinge von Gott. Alles andere ist nicht Bescheidenheit, sondern Unglaube.«

»Strebe große Dinge für Gott an und erwarte große Dinge von Gott. Alles andere ist nicht Bescheidenheit, sondern Unglaube.«

2. Sieh zu, ob dein Traum wirklich von Gott ist!

Das ist der Knackpunkt: Wie unterscheide ich eigentlich eigene Großartigkeits-Fantasien und Eitelkeiten von Gottes großen Träumen für mich? Wie erkenne ich, ob ein Traum den in mir angelegten Gaben entspricht oder nicht? Wir haben oben gesagt: Nicht jeder Traum, der etwas Großes anzielt, kommt von Gott. Wahrhaftig nicht! Vielleicht sind Ihnen auch schon Menschen begegnet, die fest davon überzeugt sind, auch wenn sie darüber natürlich kein Wort verlieren, dass Gott sie ganz groß herausbringen wird. Auf der anderen Seite zögern viele, mit ersten Schritten zu beginnen, weil sie nicht wissen, ob ihre Vorstellungen von Gott kommen oder nicht. Wie kann ich beides voneinander unterscheiden?

Die einzige Möglichkeit besteht darin, wirklich Zeit mit Gott zu verbringen. Ein nächtlicher Traum alleine oder ein bloßer Tagtraum tut es nicht. Solange ich mit meinem Traum allein bleibe, werde ich keine Gewissheit darüber erlangen, woher er kommt. Ich muss mit Gott darüber reden. Und im Gespräch mit Gott verstärkt sich dieser Traum entweder oder es wird sehr schnell klar, dass er nicht von ihm kommt. Wenn ich nicht mit Gott über meine Träume rede, intensiv rede, werde ich immer in Gefahr sein, meine Fantasien mit seinem Willen zu verwechseln. In dem Moment aber, in dem ich den Traum auf den Prüfstein lege, beginnt er, in mir zu arbeiten. Gott benutzt zum Vermitteln von Träumen Intuition, er benutzt Gefühl und Imagination. Aber all dies muss geheiligt und gereinigt werden, und das geschieht, indem wir es vor Gott bringen und ihm hinhalten.

An dieser Stelle haben wir übrigens dem Josef etwas voraus: Er konnte sich in diesen Dingen nur auf seine Träume und – wenn er darüber nachgedacht hat – auf seine Gedanken und Gefühle verlassen. Wir aber haben die Bibel! Und die Bibel ist nicht nur ein hervorragendes Buch, das uns zum Träumen inspiriert, sondern sie ist auch ein gutes Korrektiv, göttliche von menschlichen Träumen zu unterscheiden. Ein Lebenstraum, der sich in einem eklatanten Widerspruch zur Bibel befindet, kommt nicht von Gott. Und wenn jemand den Eindruck hat, es sei seine Aufgabe, das Evangelium mit Gewalt zu verkünden oder Ketchup zum deutschen Nationalgericht zu erheben, wird er schnell an die Grenzen seiner Visionen stoßen. Wenn ein Traum wirklich von Gott kommt, werde ich vieles davon in der Bibel wiederentdecken, so sehr, dass ich manchmal vielleicht gar nicht weiß, was zuerst da war: Habe ich es zuerst in der Bibel gelesen

Viele Christen denken, es sei fromm zu sagen: »Gott, segne, was ich tue.« Was wir aber wirklich beten sollten, ist: »Gott, lass mich tun, was du segnest!«

und dann geträumt oder habe ich es erst geträumt und dann in der Bibel wiedergefunden?

Als Christen sollten wir uns Zeit nehmen, unsere Träume mit Gott zu besprechen. Sonst besteht die Gefahr, dass wir Gottes Willen mit unseren eigenen Fantasien und Wünschen verwechseln. Viele Christen denken, es sei fromm zu sagen: »Gott, segne, was ich tue.« Was wir aber wirklich beten sollten, ist: »Gott, lass mich tun, was du segnest!«

3. Pass auf, wann du mit wem deinen Traum teilst!

Das ist eine sehr wichtige Lektion, die wir aus der Josefsgeschichte lernen können: Wann und wie soll ein Traum an die Öffentlichkeit kommen? Denn dass er das irgendwann muss, ist klar. Wer seinen Traum für sich behält und ernsthaft glaubt, er könne insgeheim die Welt verändern, spürt bald, dass das nicht funktioniert. Träume erhalten ihre Kraft dadurch, dass ich sie teile, andere anstecke oder sie ermutige, mir zu helfen. Es gab wahrscheinlich nur ganz wenige Träume in der Weltgeschichte, die jemand allein im stillen Kämmerlein umgesetzt hätte. Also: Wie ist das mit dem Teilen eines Traumes? Die Fragen zu unserer Geschichte sind da relativ eindeutig: War Josefs Traum richtig? – Ja! War sein Traum von Gott? – Ja! Ist er im Endeffekt eingetreten? – Ja! Hat er ihn mit den falschen Leuten geteilt? – Absolut! Und außerdem war sein Timing schlecht. Und zwar im doppelten Sinne:

Zum einen war *Josef* noch nicht reif dafür. Es hätte ihm gut getan, seinen Traum erst noch ein Weilchen mit Gott zu besprechen, bevor er andere einweihte. Aber Josef träumte und schon veröffentlichte er alles. Darum kam es auch ziemlich eitel und prahlerisch an. In gewisser Weise ist es kein Wunder, dass die auf ihn sauer wurden. Schon allein der Inhalt des Traumes musste ihnen wie eine einzige Unverschämtheit vorkommen – und der *Ton* des jungen Josef wird ein Übriges getan haben, um sie in Rage zu versetzen. Auch der Vater, von dem es hier heißt, dass er die Träume des Josef in seinem Herzen bewahrte, das heißt, dass er sie durchaus ernst nahm, ärgerte sich über seinen Ton. Es ist tatsächlich eine Kunst, seinen Traum so mit anderen zu teilen, dass er wirklich Gestalt gewinnen kann. Und gerade weil es so schwierig ist, scheuen sich Menschen davor, mit anderen offen über ihre Träume zu reden. Manchmal stellt man überrascht fest, dass es sogar Ehepaare gibt, in denen die Partner nicht offen über ihre Träume reden. Welche Chance wird hier verpasst, ganz nahe an das Wesentlichste und Innerste eines Menschen zu gelangen!

Träume erhalten ihre Kraft dadurch, dass ich sie teile, andere anstecke oder sie ermutige, mir zu helfen.

Aber nicht nur Josef, sondern auch seine elf Brüder waren noch nicht reif. Das ist etwas, was einem an dieser Geschichte sehr zu denken geben sollte, gerade dann, wenn man gerne seine Träume anderen mitteilt. Man erzählt begeistert von einem Plan, einer Idee oder einem Vorhaben und wundert sich dann, warum einige ähnlich reagieren wie die Brüder Josefs. Teils liegt es an dem, der da so enthusiastisch schwärmt, teils vielleicht aber auch daran, dass es nicht nur zum *Erzählen,* sondern auch zum *Aufnehmen* eines Traumes einer gewissen Reife bedarf. Das kommt eben daher, dass ein großer Traum niemanden außen vor lässt. Wenn ich einem Freund oder Bekannten eine Vision offenbare, die möglicherweise mein ganzes Leben verändert, dann kann und dann wird das auch ihn nicht unbeteiligt lassen.

Es ist eine schmerzhafte Erfahrung, dass es oft gerade die *Brüder* sind, die, sobald man seinen lang »durchbeteten« und gedachten Traum äußert, die große Schere auspacken, um diesen Traum auf das zurechtzustutzen, was sie als »angemessene Größe« empfinden. Je größer unsere Träume werden, desto begeisterter und überzeugter sind wir ja. Man hat einen wundervollen Gedanken bekommen, der vieles in der Welt, unserer Gemeinde, dem Freundeskreis oder unserem Privatleben verbessern könnte – meint man jedenfalls –, und dann kommen andere daher und erweisen sich als reichlich resistent gegenüber unseren Träumen. Haben Sie schon einmal Kommentare wie diese gehört? »Wer glaubst du eigentlich, wer du bist?«, »Nun mal langsam!« oder: »Ja, das ist ja ganz schön und gut, aber …« Kein Wunder, dass jemand so reagiert, denn er schaut ja auf uns und unsere ziemlich bescheidenen Möglichkeiten. Wir können nicht von vornherein erwarten, dass jemand erkennt: Hier geht es gar nicht darum, wer *wir* sind, sondern wer *Gott* ist und welche Möglichkeiten er für uns bereithält! Viele große Träume dieser Welt sind gescheitert, weil Menschen entmutigt wurden. Weil man ihnen, die voller Überzeugung aufbrachen, einfach einen Stein in den Weg legte. Oft ist gerade am Anfang der Traum noch zu schwach, um ein solches Hindernis zu überspringen.

In der Kirche ist es wie im richtigen Leben auch und auch wie in dieser Geschichte: Auf einen Träumer kommen elf oder zwölf Leute, die die Schere auspacken und anfangen, ihre Träume zu beschneiden. Das wäre alles mit Humor zu nehmen, wenn es nicht Brüder wären, Menschen, die mit zur Familie Gottes gehören, Leute, die man schätzt und auf deren Urteil man an sich Wert legt. Und die es in diesem Augenblick ohne Zweifel sogar gut mit uns meinen. Die große Hürde, die ein Traum nach dem Mut zur Größe, nach der Prüfung vor und mit Gott und nach seiner Offenlegung überwinden muss, ist die des Realitätssinnes. Es ist schwer, sich durch ihn nicht vom Weg abbringen zu lassen. Die Argumente gegen die Fahrt von Columbus waren sicher stichhaltiger als alles, was dafür sprach. Die Logik sprach eindeutig gegen das Konzept des gewaltlosen Widerstands von Martin Luther King. Niemand hätte es je für möglich gehalten, dass ein demonstrativ Hungernder wie Ghandi in der Welt etwas verändern könnte. Und doch haben er und die vielen anderen großen Träumer gegen alle Zweifel an ihren Traum geglaubt. Hätten sie auf die scharenweise auftauchenden Kritiker gehört, wäre ihr Traum nie wahr geworden. Menschen haben Angst vor allem, was ihre Denkkategorien übersteigt. Und statt sich mit einem Traum auseinanderzusetzen, lassen sie sich lieber tausend Gegenargumente einfallen. Als das Radio erfunden wurde, behaupteten seriöse Wissenschaftler, die Radiowellen würden alle Vögel töten und vom Himmel fallen lassen. Als die erste Eisenbahn gebaut wurde, bekämpften Kritiker dieses Projekt und Ärzte brachten Gutachten an, die beweisen sollten, dass sich der menschliche Körper bei fünfzig Stundenkilometer zersetzen würde.

Auf einen Träumer kommen elf oder zwölf Leute, die die Schere auspacken und anfangen, ihre Träume zu beschneiden.

Ob Ihr Traum wirklich Leben verändern kann, hängt davon ab, ob Sie sich schnell entmutigen lassen. Oder ob Sie Mut haben, Ihren Traum gegen alle Bedenken Wirklichkeit werden zu lassen.

Vielleicht ist es am weisesten, seinen Traum erst einmal mit Menschen zu teilen, die zu den »Problemlösern« gehören. Mit Menschen, von denen man weiß, dass sie einen ähnlichen Traum träumen. Und dass sie willens und in der Lage sind, zumindest ein Stück dieses Traumes in die Realität umzusetzen. Es ist oft nicht leicht, sich an diese Regel zu halten, gerade wenn man gerne mit offenen Karten spielt, aber wenn man sie missachtet, holt man sich eben immer wieder einen Dämpfer ab, der das Streichholz schon vor dem Anreiben feucht werden lässt.

4. Größe vollendet sich nicht in der Herrschaft, sondern im Dienst

Josef träumt einen Traum von Größe. Psychoanalytisch kann man hier sehr leicht die pubertären Träume eines verzogenen Bengels entdecken. Um nicht zu sagen, den Dünkel eines exaltierten Angebers. Und vielleicht hat das bei ihm tatsächlich eine Rolle gespielt. Der junge Josef war alles andere als frei von Eitelkeit und Affektiertheit! Die große literarische Kraft der Josefsgeschichte liegt gerade darin, dass wir Zeuge werden, wie Josef für seinen Traum reif wird. Wie er immer dann, wenn er im Zenit der Selbstüberschätzung ist, einen gewaltigen Schlag erhält und in die Grube oder das Gefängnis geworfen wird. Erst diese Erfahrungen geben ihm die Größe, seine Träume in Würde umzusetzen. Thomas Mann schreibt in seinem Josefsroman, dass das Wichtigste an dieser schillernden Persönlichkeit der doppelte Segen sei, den sie erhält: den göttlichen Segen von oben und den Segen von unten, aus dem Elend, der es ihm ermöglicht, mit dem Segen von oben auf demütige Art und Weise umzugehen. Der Überflieger brauchte immer wieder Bodenkontakt, um die Größe und die Folgen seiner Visionen abschätzen zu können. Erst dann konnte sein Traum vom Herrschen auf gnadenvolle Weise Wirklichkeit werden.

Der Überflieger brauchte immer wieder Bodenkontakt, um die Größe und die Folgen seiner Visionen abschätzen zu können.

An sich, so möchte man meinen, ist so ein Traum von Macht und Erfolg Gift für eine Seele, droht er doch, den Menschen in seiner Eitelkeit zu bestätigen und ihn in seinen »Ich-bin-besser-als-ihr-alle-Fantasien« vollends überschnappen zu lassen. Doch wenn Gott uns von Größe träumen lässt, dann ist diese Größe anders geartet, als wir uns das gerne ausmalen würden. »Wer unter euch der Größte sein will«, sagt Jesus, »der sei euer Diener« (Mt 20,26; 23,11). Dieses Prinzip bewahrheitet sich auch im Leben von Josef. Es kommt tatsächlich der Tag, an dem die Brüder Josefs kommen und sich vor ihm verneigen. Sie berühren mit der Stirn den Boden voller Ehrfurcht vor dem Stellvertreter des Pharao. Aber Josef nutzt seine neue Position nicht, um sich zu rächen oder um seine Brüder spüren zu lassen, wie lächerlich klein sie jetzt vor ihm sind, sondern er offenbart sich ihnen, um ihnen zu dienen und ihr Leben zu retten.

Gott möchte uns groß machen. Jeden Einzelnen von uns. Wir können gar nicht groß genug von uns selbst träumen – aber die Größe, an die Gott dabei denkt, ist eine Größe des Dienens. Sie ist nichtsdestoweniger Größe! Diese Größe zum Dienen nennt die Bibel »Demut«. Demut ist nichts Schwächliches, Weichliches, Unterwürfiges, sondern höchst kraftvoll, sie ist eine Stärke.

Größe im Reich Gottes ist immer mit Demut gepaart. Der junge Josef war noch nicht demütig. Darum war er auch noch nicht reif, wirklich so groß zu werden, wie es sein Traum ihm versprach. Deshalb musste er von Gott erst einen Weg durch die tiefste Tiefe geführt werden: Er wurde in die Sklaverei verkauft, verleumdet, ins Gefängnis geworfen usw., bis nach Jahrzehnten der Läuterung und Reifung sein Traum endlich in Erfüllung ging.

5. Lebe deinen Traum!

Es ist keine Sünde, wenn wir unseren Traum zu verwirklichen suchen. Im Gegenteil: Es ist eine Sünde, wenn wir diesen Traum einfach aufgeben, wenn wir erlauben, dass andere ihn kaputt machen, oder wenn wir ihn einfach ersticken lassen inmitten der vielen Belanglosigkeiten des Alltagslebens. Wenn Gott uns einen Traum gibt, dann liegt es in unserer Verantwortung, dass wir gut damit umgehen und dass wir ihn in die Tat umsetzen. Dass wir ihn schützen. Es gibt so viele Leute, die ein Interesse daran haben, dass wir unseren Traum nicht in die Tat umsetzen. Sie meinen es oft gar nicht böse, aber jeder Traum, der gelingen könnte, zeigt ihnen, dass sie vor ihren eigenen Träumen davonlaufen. Darum ist es so wichtig, nicht beim Träumen stehenzubleiben. Aus dem Traum muss ein Plan werden, der uns klare Ziele vor Augen stellt, konkrete Schritte tun lässt, Strategien entwickelt, Dinge anpacken lässt usw. Um es einmal ganz einfach auszudrücken: Wir können unser Leben lang davon träumen, einmal auf einer Südseeinsel Urlaub zu machen, wir können aber auch anfangen, für die Reise zu sparen, die Koffer zu packen, schwimmen zu lernen und uns mit ganzer Kraft darauf vorbereiten. Gott legt uns eine Vision aufs Herz und stellt uns ein

Ziel vor Augen, aber dann sind wir gefragt, diese Vision Schritt für Schritt in die Tat umzusetzen.

Sie werden bald entdecken, dass die meisten Träume so etwas wie Polaroid-Visionen sind. Sie entwickeln sich Schritt für Schritt. Je länger man sie betrachtet, desto schärfer werden sie und desto klarer wird, welche Schritte nun folgen müssen. Die meisten Menschen gönnen ihren Träumen nur einen kurzen Blick, solange sie noch unscharf sind, und wundern sich dann, dass darauf noch nicht so viel zu erkennen ist. Also legen sie ihren Traum traurig zur Seite, bevor er richtig klar werden kann. Verständlicherweise: Wer hat schon Lust, einem verschwommenen, undefinierbaren Etwas hinterherzulaufen! Und genau darum ist es so entscheidend, nicht schon im Anfangsstadium aufzugeben, sondern dranzubleiben. Ehe Sie sich versehen, steht ein glasklares Bild vor Ihren Augen und Sie wissen plötzlich sehr genau, wie nun die nächsten Schritte aussehen müssen.

Gott legt uns eine Vision aufs Herz und stellt uns ein Ziel vor Augen, aber dann sind wir gefragt, diese Vision Schritt für Schritt in die Tat umzusetzen.

Eines der großen Probleme bei der Realisierung von Träumen ist die Tatsache, dass wir am Anfang mit unserer Vision erst einmal ganz allein sind. Darum ändert sich auch so viel, wenn wir anfangen, unsere Ziele mit Gott zu teilen und bei und mit ihm erst einmal die wichtigsten Grundfragen zu klären. Dann aber kommen noch viele weitere Hürden beim Umsetzen eines Traumes, auf die wir vorbereitet sein müssen. So wie es heißt, dass auch bei den größten Künstlern und Forschern 2 % Genie und 98 % harte Arbeit ist, verhält es sich eben auch mit den Träumen. Auf 2 % Traum kommen 98 % Arbeit.

Das klingt hart, aber machen Sie sich als Trost eines immer wieder klar: Ohne die 2 % Traum bleibt in der Regel auch die Arbeit wirkunglos. Ja, mehr noch: Wer keinen Traum hat, findet auch nicht genügend Energie und Ausdauer, um 98 % zu arbeiten. Es sind die herrlichen 2 %, die den Funken im Pulverfass, das entscheidende Gewürz in einer Speise oder das Senfkorn im Boden ausmachen.

Oft kommt es beim Träumen weniger auf den guten Willen als auf das Durchhaltevermögen an. Denn es tauchen immer wieder Hindernisse auf, die uns aus der Bahn werfen können. Denken Sie nur an den hochmotivierten Josef: Er erzählt unbedarft von seinem Traum und ehe er sich versieht, liegt er im Staub des trockenen Brunnens. Mancher Träumer ist wie ein Hürdenläufer, der plötzlich Angst bekommt. Er blickt verzweifelt auf die große Anzahl zu überwindender Stolperfallen – und bleibt deprimiert direkt vor der ersten Hürde stehen. Hoch springen kann man aber nur, wenn man richtig Anlauf genommen hat. Auch Träumen kann man so trainieren, dass man sich von den regelmäßig auftauchenden Störfaktoren nicht aus dem Tritt bringen lässt, sondern lächelnd über sie hinwegspringt. Am besten gelingt das, wenn man die möglichen Gefahren schon vorher beurteilen kann. Darum beschreiben wir Ihnen hier als Abschluss dieses Kapitels einige Hürden, vor denen Sie ordentlich Anlauf nehmen sollten!

1. Familie

Die Menschen, die uns in der Regel am besten kennen, nämlich unsere Verwandten, sind oft auch die mit den größten Vorbehalten gegenüber unseren Träumen. Sogar Jesus hatte dieses Problem. Seine Brüder und Schwestern, ja, auch seine Mutter, hatten ihn als normalen Jungen aufwachsen sehen. Sie kannten ihn wahrscheinlich mit Masern und als Dickkopf. Und für sie war es nicht verständlich, dass ihr Jesus plötzlich als prophetischer Heilsbringer durch die Lande zog und das Leben vieler Menschen veränderte. Der Jesus, der all die Jahre mit ihnen unter einem Dach gewohnt hatte, war jetzt ein gefeierter Volksheld. Dieses Phänomen wird jeder Mensch erleben, der von einem Traum ergriffen wird: In der Familie ist man oft noch der kleine Junge oder das kleine Mädchen von früher. Und obwohl er oder sie von allen geliebt wird, ist es gerade diese Liebe, die die Veränderung nicht zulassen will. Das muss nicht zwangsläufig so sein, denn manche Eltern haben ein besonderes Gespür für die Gaben, die in ihren Kindern verborgen sind! Aber es kann passieren, dass gerade die Familie sehr entmutigt. Als Jesu Familie ihm ins Gewissen reden will, macht dieser etwas Entscheidendes deutlich: Meine Familie, diejenigen, die mir am nächsten stehen, sind die, die meinen Traum mit mir teilen. »Denn wer den Willen tut meines Vaters im Himmel, der ist mir Bruder und Schwester und Mutter.« Niemand kann einem anderen Menschen näher sein, als wenn er dessen Träume versteht, teilt und fördert. Einer, der meinen Traum nicht teilt, wird es sehr schwer haben, mich zu lieben.

Meine Familie, diejenigen, die mir am nächsten stehen, sind die, die meinen Traum mit mir teilen.

Als daher Josef seiner Familie unvermittelt sagte, welche Rolle er einmal spielen würde, war es kein Wunder, dass diese eine solche »Träumerei« ablehnte. Man darf Menschen nicht einfach mit Träumen konfrontieren, man muss sie dafür gewinnen. Und dafür braucht man oft viel Fingerspitzengefühl. Seien Sie vorsichtig, mit wem Sie Ihre Träume teilen. Anfangs sollte man Träume nur den Menschen offenbaren, die ein Teil der Lösung und Verwirklichung sein werden. Menschen, die helfen, den Traum wahr werden zu lassen. Es ist traurig, wenn ein Traum schon im Anfangsstadium kaputt gemacht wird, weil er nicht liebevoll und gewinnend vorgetragen wurde. Andererseits zeigt die Josefsgeschichte, dass auch dann, wenn Sie – bildlich gesprochen – von Ihrer Familie als Sklave nach Ägypten verkauft werden, niemand einen echten Gottestraum aufhalten kann.

2. Freunde

Kennen Sie die Geschichte von Jairus, diesem Vorsteher der Synagoge, der überzeugt war, Jesus könne seine sterbenskranke Tochter heilen? Als der sich endlich durch die Menge gekämpft und Jesus zu seinem Haus gezogen hat, kommen ihm dort einige Freunde entgegen, die nicht etwa ihr Beileid ausdrücken, sondern deutlich sagen: »Deine Tochter ist gestorben; was bemühst du weiter den Meister?« Unglaublich freundlich, oder? Jesus ignoriert diese Freunde und sagt zu Jairus: »Fürchte dich nicht, glaube nur!« Und als die beiden Männer das Haus betreten, werden sie wegen ihrer zuversichtlichen Entschlossenheit sogar ausgelacht – im Beisein der Verstorbenen. Wer solche Freunde hat, der braucht keine Feinde. Zugegebenermaßen: Am Bett eines toten Menschen noch irgendetwas zu hoffen ist – rein menschlich gesehen – absurd. Aber die Freunde nehmen den Glauben, den Traum des Jairus nicht ernst. Sie lachen ihn aus und treffen ihn damit in seinem Innersten. Gott sei Dank belehrt Jesus sie eines Besseren und heilt das Mädchen. Ein echter Freund ist jemand, der Ihren Traum ernst nimmt – obwohl er ihn vielleicht gar nicht für realisierbar hält. Trotzdem ist er bereit, Ihren Vorstellungen mit Respekt zu begegnen. Vielleicht überlegen Sie einmal, welche Ihrer Freunde sogenannte »Ja, aber!«-Typen sind, denen zu allererst etwas Entmutigendes einfällt, und wer von ihnen sofort bereit wäre, mit Ihnen weiterzuträumen, um so die Tragfähigkeit einer Vision zu überprüfen. Selbstverständlich gehört es gerade zu einem guten Freund, dass er auch einmal sagen darf: »Hast du dieses oder jenes bedacht?« Aber wenn er Ihren Traum einfach herunterbügelt, sollten Sie sich fragen, ob Sie ihn wirklich zu Ihren Freunden zählen können. Das mag seltsam klingen, aber wir tendieren nun einmal dazu, uns so zu verhalten wie die Menschen, mit denen wir uns umgeben. Darum kommt es bei einem Traum auch darauf an, uns die Menschen zu suchen, bei denen wir spüren, dass ihre Freundschaft etwas mit Akzeptanz und Ermutigung zu tun hat. In den Sprüchen heißt es (13,20 GN): »Wer sich zu Klugen gesellt, wird klug; wer sich mit Dummköpfen befreundet, ist am Ende selber der Dumme.« Wer mit den Adlern fliegen will, sollte nicht mit den Hühnern herumlaufen. Es sei denn, um sie zum Fliegen zu gewinnen. Sie ahnen vielleicht auch hierbei etwas von der lebensverändernden Kraft von Träumen. Wenn Sie einmal angefangen haben, den Träumen Raum in Ihrem Leben zu geben, ändert sich mehr, als Sie jetzt ahnen. Aber keine Angst. Sie können dabei nur gewinnen.

Wer mit den Adlern fliegen will, sollte nicht mit den Hühnern herumlaufen.

Psalm 1 warnt ganz am Anfang vor drei Arten von Menschen, die man meiden sollte, weil sie etwas Negatives ausstrahlen und Träumern den Mut rauben. Die ersten sind die, die im Rat der Gottlosen sitzen, die sich gar nicht vorstellen können, dass bei Gott Unmögliches möglich wird, die immer davon ausgehen, dass jeder nur das erreichen kann, was er sich selber erarbeitet. Und die deshalb jeden größeren Traum zerreden. Wer nicht an Wunder glaubt, wird auch keine sehen wollen, selbst wenn sie direkt vor seinen Augen passieren. Dann gibt es diejenigen, die auf dem »Weg der Sünde« gehen. Wer sündigt, zeigt damit nur, dass er den Glauben daran verloren hat, etwas in dieser Welt mit Liebe und Ehrfurcht zu erreichen. Sein Traum ist sozusagen kurzgeschlossen. Für ihn ist es bequemer, auf Kosten anderer zu leben, als mit anderen an seinem Traum zu arbeiten. Wie soll so jemand einem Menschen helfen können, dessen Traum noch offen und lebendig ist? Und drittens werden da die Menschen genannt, die bei den Spöttern sitzen. Und das sind vielleicht die gefährlichsten. Wer einmal einen Menschen getroffen hat, der nur noch sarkastische, ironische und destruktive Sprüche von sich gibt, der weiß, wovon die Bibel redet. Alles schlecht machen kann nur einer, der nicht mehr glaubt, dass es besser geht. So jemand hat längst alle seine Träume tief in sich verschlossen. Und um sich ihnen nicht stellen zu müssen, wertet er alles ab, was ihn umgibt. Das Schöne an diesem Psalm aber ist die Verheißung, dass derjenige, der solche Leute meidet, »wie ein Baum ist, gepflanzt an den Wasserbächen, der seine Frucht bringt. Und was er macht, das gerät wohl«. Achten Sie gut darauf, mit wem Sie Ihre Träume teilen. Es kann über Gelingen oder Nichtgelingen entscheiden.

3. Ermüdung

Wer sich auf das Träumen einlässt, erlebt immer wieder, dass es Zeiten gibt, in denen man doch lieber das Erreichte sichern als dem Ziel weiter nacheifern will. Was man hat, das hat man. Das Abenteuer einer Vision aber erfordert es, nicht locker zu lassen, den einmal angefangenen Prozess auch dann weiterzuführen, wenn es schwer oder unbequem wird. Auf Dauer gesehen ist die Ermüdung die gefährlichste Feindin eines Traumes. »Ich gönne mir zwischendurch mal eine kleine Pause«, die dann etwas länger dauert – und irgendwann stelle ich fest, dass die Träume immer kleiner und schwächer werden. Dafür gibt es übrigens überall beobachtbare Beispiele. Wie viele politische Parteien, engagierte Vereine, kämpferische Verbände oder revolutionäre Gruppen sind mit großen Idealen und Visionen von einer anderen Welt angetreten. Kaum hatten sie sich in der Gesellschaft ein bestimmtes Ansehen verschafft, verlor das Anliegen an Schwung. Die Wortführer waren auf einmal etabliert, lernten die Bequemlichkeit der Macht oder des Geldes kennen – und bald wurden die ursprünglichen Vorhaben zu einer leeren Fassade. Der Traum war einfach eingeschlafen. Und so mancher, der bereits auf dem Weg war, seinen Lebenstraum umzusetzen, hat sich von veränderten Gegebenheiten verleiten lassen, erst einmal ganz andere Dinge zu tun. »Es kann ja nicht schaden, jetzt eine Phase der Stabilisierung einzuplanen« – »Erst einmal neue Kraft tanken.« Das alles ist richtig, aber es kann schnell falsch werden, wenn das Ziel aus den Augen gerät.

Erinnern Sie sich an den Hang zur Sicherheit, von dem wir oben gesprochen haben? Er wird auch bei Ihren Träumen immer wieder auftauchen und Sie zurückholen wollen. Gerade dann, wenn Sie schon das eine oder andere Etappenziel erreicht haben. Die Frage, die hinter all dem steht, lautet: Geben wir uns mit dem Zweitbesten zufrieden – oder bleiben wir dran, bis wir wirklich das erreicht haben, wozu wir geschaffen sind? Bleibt unser

Geben wir uns mit dem Zweitbesten zufrieden – oder bleiben wir dran, bis wir wirklich das erreicht haben, wozu wir geschaffen sind?

Leitbild die Taube auf dem Dach oder der Spatz in der Hand, den wir auf jeden Fall schon einmal sicher haben, der uns aber auch daran hindert, auf das Dach zu steigen, um die Taube einzufangen? Wir müssen lernen, Träume festzuhalten und zu pflegen. Natürlich gehören dazu auch Ruhephasen. Aber gerade während der Pausen ist es besonders wichtig, dass wir uns immer wieder Zeit für den Traum nehmen. Wir müssen nicht immer dafür arbeiten, aber wir müssen immer träumen. Manchmal kann es schon hilfreich sein, sich einen Menschen zu suchen, mit dem man alle zwei Wochen einmal eine Stunde lang zusammen träumt. Mit dem man über die Entwicklung der eigenen Vision reden kann und der hilft zu erkennen, wann der nächste Schritt getan werden muss. So ein Vertrauter ist auch deshalb eine große Unterstützung, weil er uns davor bewahrt, in einer Ermüdungsphase voreilige Entscheidungen zu treffen. Wer deprimiert oder verzweifelt, traurig oder verletzt ist, gerät schnell in Versuchung, den einfacheren Weg zu wählen. Hören Sie auf, Pläne zu schmieden, wenn Sie müde werden. Damit Sie nicht aus einer momentanen emotionalen Einstellung, sondern aus der Logik heraus handeln. Sie haben ein Recht, müde zu sein – aber lassen Sie Ihre Träume nicht müde werden.

4. Versagen

Einer, der wahrhaft viel wollte und doch erleben musste, dass es herbe Rückschläge gibt, war Petrus. Immer wieder hatte er Jesus geschworen, dass er immer zu ihm halten und ihn nie verleugnen würde. Jesus aber sagte ihm ganz deutlich: »Ich habe für dich gebeten, dass dein Glaube nicht aufhöre.« Hier könnte man für »Glaube« getrost auch »Traum« einsetzen: »Ich bete, dass dein Traum nicht aufhöre.« Und Petrus wehrt sich mit Händen und Füßen: »Ich brauche dieses Gebet nicht! Ich halte zu dir, was immer auch passiert. Ich bin bereit, mit dir in den Tod zu gehen!« Weiter kann eigentlich ein Traum nicht führen. Und genau dieser Petrus begegnet nach Jesu Festnahme einer Magd, die ihn im Hof des Hohenpriesters an einem Feuer sitzen sieht und ihn anspricht. Und noch andere kommen, die sicher sind, dass Petrus einer der Jünger ist. Aber er – voller Angst, Unsicherheit und Zweifeln – verleugnet seine Beziehung zu Jesus. Wenn Sie anfangen zu träumen, werden Sie das Gleiche erleben. Es wird Zeiten geben, in denen Sie aus Angst, Unsicherheit und Zweifel abstreiten werden, jemals einen Traum gehabt zu haben. Vielleicht haben Sie gerade erlebt, dass etwas, worauf sie große Hoffnungen gesetzt haben, sich nicht erfüllt: eine misslungene Aufnahmeprüfung, eine schlechte Präsentation, ein gekündigter Mietvertrag für Ihre Arbeitsräume oder das Abspringen eines engen Mitarbeiters. Oder Sie haben ganz einfach Ihren eigenen Erwartungen nicht entsprochen. Es wird immer wieder Momente geben, in denen Sie an Ihren Träumen zweifeln werden, weil auf einmal alles so aussieht, als hätten Sie sich geirrt.

Träumer sind die, die nicht aufgeben. Für die das Ziel wichtiger ist als ein Etappensieg. Und auch nur die werden ihr Ziel erreichen, denn es gibt kaum einen Menschen, der bei der Verwirklichung seiner Träume nicht auch einmal mit widrigen Umständen oder dem eigenen Versagen zurechtkommen musste. Bill Hybels, der Hauptpastor der *Willow Creek*-Gemeinde, hat einmal versucht, Visionäre von Nichtträumern zu unterscheiden. Er sagt: »Nichtträumer lassen sich durch Enttäuschungen von ihrem Vorhaben abbringen. Visionäre sagen: ›Jetzt erst recht.‹« Natürlich gibt es auch hierbei Grenzen. Wenn man Ihnen bei der hundertsten Schauspielschule erklärt, dass Sie kein Talent und die Ausstrahlung einer schwangeren Salatgurke haben, sollten Sie schon einmal in sich gehen. Erstaunlicherweise haben Menschen aber in der Regel ein sehr gesundes Gefühl dafür, ob sie in einem bestimmten Bereich mit dem richtigen Engagement etwas erreichen können oder nicht. Nur in den Fällen, in denen Träume aus Fluchtgründen gehegt werden, kommt es auch vor, dass sich jemand auf etwas versteift, für das er gar nicht geschaffen ist. Wer vor etwas flieht, blickt nicht nach vorne, sondern nach hinten. Aber auch hier gilt: Reden Sie viel mit Gott und mit anderen Menschen. Reden ist Gold, Schweigen ist Blech. Suchen Sie Experten auf dem Gebiet, auf dem Sie sich entwickeln wollen, und bitten Sie um eine ehrliche Kritik. Könner sind in der Lage zu beurteilen, ob Sie etwa das Talent zu einer bestimmten künstlerischen Form haben oder nicht.

Nichtträumer lassen sich durch Enttäuschungen von ihrem Vorhaben abbringen. Visionäre sagen: »Jetzt erst recht.«

Kurz nachdem Josua mit Pauken und Trompeten die Stadt Jericho eingenommen hatte, musste er erleben, wie schnell ein ganzes Volk leichtsinnig werden kann. Darum kam gerade nach dem großen Sieg typischerweise eine große Niederlage. Als Josua noch im Siegestaumel ist und etwas zu selbstsicher nur eine kleine Anzahl von Männern in den Kampf schickt, werden diese geschlagen. Die Verluste waren nicht hoch, aber es »verzagte das Herz des Volkes und ward zu Wasser«. Ein treffendes Bild für Mutlosigkeit. Im Taumel des Erfolges passiert es schnell, dass wir kleine Rückschläge für eine Infragestellung unseres gesamten Traumes halten: »Wenn dies oder jenes nicht gelingt, dann ist doch alles vergeblich.« Nein, ist es nicht! Und Josua gibt nicht auf. Er betet zu Gott, klärt, was falsch gemacht wurde, und fasst einen neuen Plan. Und diesmal gelingt es. Diese uralte Geschichte sagt viel über den richtigen Umgang mit Niederlagen. Wir müssen natürlich nach den Fehlerquellen suchen, aber wir dürfen nicht dadurch unseren Traum verlieren. Ein Traum lebt davon, dass er auf Hoffnungen aufbaut, nicht auf Verletzungen. Darum wird ein Träumer immer lernen zu variieren. In einer Sackgasse mutig den Rückwärtsgang einlegen und einen neuen Weg suchen. Nur weil eine Wand zwischen uns und dem Ziel steht, heißt das doch noch lange nicht, dass dieses Ziel nicht erreichbar wäre.

Das zugleich Komische und Komplizierte ist die Tatsache, dass Träumer schnell alles auf die Goldwaage legen. Kein Wunder: Sie haben ja ihre Sehnsüchte, Hoffnungen und Erwartungen, ihre ganze Existenz in den Traum investiert und fürchten bei jedem Rückschlag, nun alles zu verlieren. Wer viel wagt, der viel gewinnt – aber er wird auch sehr empfindlich, wenn etwas nicht sofort erfolgreich verläuft. Seien Sie dankbar über diese Lebensintensität und nehmen Sie Rückschläge trotzdem als Aufgaben an.

Ein Traum lebt davon, dass er auf Hoffnungen aufbaut, nicht auf Verletzungen.

Und noch etwas kommt bei Träumern hinzu: Sie stellen häufig fest, dass erste Erfahrungen um einiges geringer sind als unsere Erwartungen. Wenn ich viele

Jahre meines Lebens an einem Traum gefeilt habe, passiert es schnell, dass meine Fantasie jedes Etappenziel ungeheuer ausschmückt. Ich habe ein festes Bild von dem, was mich erwartet, und bin plötzlich enttäuscht, wenn etwas ganz anderes oder möglicherweise sogar scheinbar Unbedeutenderes eintritt. Oscar Wilde hat einmal geschrieben: »Die Niagarafälle waren die zweitgrößte Enttäuschung meiner Flitterwochen.« Alles, was wir uns im tiefsten Inneren ersehnen und in unseren Gedanken schon Hunderte Male durchgespielt haben, läuft Gefahr, von der Realität nicht eingelöst zu werden. Denken Sie an das eigentliche Ziel und versuchen Sie, sich nicht in allzu feste Vorstellungen zu verkrallen, sondern sie loszulassen.

Petrus wird sein Versagen zutiefst gefühlt haben. Vor allem aber wird er erfahren haben, dass Träume ein Geschenk und kein Verdienst sind. Sie begleiten uns, aber sie sind zugleich größer als wir. Darum gehört die Erfahrung, dass wir nur bedingt aus eigener Kraft unser Ziel erreichen, zu jedem Traum. Petrus jedenfalls war überzeugt, Gottes nicht mehr würdig zu sein. Und doch galt Jesu Verheißung für ihn nach wie vor: »Auf dir will ich meine Gemeinde bauen!« Der von sich selbst enttäuschte und an sich verzweifelnde Jünger erlebt, dass ein Traum nie einfach zu erreichen ist, aber trotzdem den einzigen Weg zu einem erfüllten Leben darstellt.

5. Angst

Ein Traum wäre kein Traum, wenn es eine hundertprozentige Garantie gäbe, dass er sich erfüllt. Träume leben davon, dass sie in uns Fähigkeiten und Kräfte wecken, die wir ohne sie nicht hätten. Aber sie tragen eben auch ein Risiko in sich. Und dieses Risiko macht uns Angst!

Deutlich wird das noch einmal an dem großen Gottestraum des Volkes Israel: »Der Herr wird uns in das Gelobte Land führen.« Die Bibel erzählt mit großer Offenheit, wie oft die Israeliten immer wieder von der Angst gepackt wurden. Als der Pharao sie verfolgte, als das Meer vor ihnen lag, als der Proviant und das Wasser zur Neige gingen oder als die Wüstenwanderung kein Ende nahm: Jedesmal verließ das Volk der Mut und es bekam ungeheure Angst. Obwohl die Israeliten bei ihrem großen Treck um die Verheißungen Gottes wussten und sie erfahren hatten, dass Gott in allen Zweifelsfällen zu seinem Wort steht, war die Angst stärker. Die Hauptaufgabe von Mose – und das zeichnet ihn als Leiter aus – war es, dem Volk wieder Mut und Vertrauen zu geben.

Leider neigen wir dazu, die Frage »Was könnte nicht alles passieren?« negativ auszulegen. Das aber ist der Tod jeden Traumes. Man kann diese Frage ja auch positiv verstehen. Was könnte nicht alles Wundervolles passieren? Und man sollte sich fragen, ob man wirklich gewillt ist, ein zweitklassiges Leben auf sich zu nehmen, nur weil man das Risiko scheut, seine Träume in die Realität umzusetzen.

Wenn Sie Angst haben, zeigt das erst einmal, dass Sie eigentlich ein gesundes Verhältnis zu Ihren Träumen haben. Jemand, der behauptet, keine Angst beim Träumen zu haben, macht sich nicht nur etwas vor, er verkennt auch das Wesen eines Traumes. Wirklich verlieren werden Sie die Angst nie. Und das ist gut so, denn es hilft Ihnen, die Realität als entscheidenden Faktor miteinzuplanen. Sie werden die Angst auch nicht kleinkriegen. Manche Befürchtungen kann

Wenn Sie Angst haben, zeigt das erst einmal, dass Sie eigentlich ein gesundes Verhältnis zu Ihren Träumen haben.

man minimieren, indem man sich über die vermeintlichen Gefahren sorgfältig informiert, gefährliche Entwicklungen früh genug erkennt und ein gutes Konzept entwickelt. Die Grundangst aber wird man nie los. Sie können sich nur zwei Dinge fragen: 1. Ist die Angst für mich eine Blockade oder eine Herausforderung? Und 2. Ist mein Traum groß genug, um die Angst in den Griff zu bekommen? Ist mein Ziel es wert, sich mit der Angst auseinanderzusetzen? Nur wenn Sie für sich sehen, dass Ihre Ängste eine existenzielle Herausforderung sind und Sie einen Traum haben, für den Sie noch ganz andere Ängste in Kauf nehmen würden, sollten Sie weiterträumen.

Manche Ängste, die wir in einem Traumprozess mit uns herumschleppen, entpuppen sich irgendwann als Hirngespinste, andere als selbstgemacht. Als wir in Niederhöchstadt unseren Traum von einer Kirche für Distanzierte angingen, wurden wir immer wieder mit ziemlichen Ängsten konfrontiert. Es gab nächtelange Diskussionen über möglicherweise auftretende Probleme, Tränen und »Unheilsprophezeihungen«. Das Meiste davon ist niemals eingetreten. Dafür kam es zu Rückschlägen in Bereichen, in denen wir das nie erwartet hätten. Ein Traum ist ein Abenteuer. Ängste gehören dazu. Entscheidend ist nur:

a) Machen Sie sich Ihre Ängste nicht selbst. Wir steigern uns gern in schaurige Vorstellungen hinein, die der Realität überhaupt nicht entsprechen.
b) Seien Sie darauf gefasst, dass plötzlich in Ihnen Ängste entstehen, wenn Sie es am allerwenigsten erwarten.
c) Prüfen Sie immer wieder, ob Ihr Traum größer ist als Ihre Ängste. Wenn nicht, dann arbeiten Sie nicht an der Angst, sondern am Traum.

d) Erkennen Sie frühzeitig, dass beim Träumen nicht alles in Ihrer Macht liegt. Das erleichtert vieles.
e) Leben Sie aus dem Vertrauen. Weil ein Traum über den Horizont eines Menschen hinausgeht, gehört ein Sichfallenlassen in Gottes Hand dazu.

Wenn Sie vorsichtig und gleichzeitig konsequent anfangen, über Ihre Träume nachzudenken, werden Sie bald die ungeheure Kraft entdecken, die in Ihnen ruht. Eine Kraft, die mitreißt, weil sie letztlich von Gott kommt.

Kapitel 2

Anstoß oder Herausforderung?

Vom Umgang mit den Träumen anderer

In diesem Kapitel lesen Sie nicht nur, was einen Träumer von einem Nichtträumer unterscheidet, Sie erfahren auch, wie Sie in einer hilfreichen Form mit den Visionen Ihrer Freunde und Bekannten umgehen können. Oft entscheiden nämlich die Reaktionen der Mitmenschen darüber, ob jemand Mut hat, seinen Traum zu leben oder nicht. Josef, gerade eben an seinem zweiten Tiefpunkt angekommen, gibt uns dabei eine kleine Einführung in die Kunst der Traum-Deutung.

»Und es begab sich danach, dass sich der Mundschenk des Königs von Ägypten und der Bäcker versündigten an ihrem Herrn, dem König von Ägypten. Und der Pharao ließ sie in das Gefängnis setzen, wo Josef gefangen lag. [...] *Und es träumte ihnen beiden, dem Schenken und dem Bäcker des Königs von Ägypten, in einer Nacht einem jeden ein eigener Traum, und eines jeden Traum hatte seine Bedeutung. Als nun am Morgen Josef zu ihnen hereinkam und sah, dass sie traurig waren, fragte er sie und sprach: Warum seid ihr heute so traurig? Sie antworteten: Es hat uns geträumt, und wir haben niemanden, der es uns auslege. Josef sprach: Auslegen gehört Gott zu; doch erzählt mir's. Da erzählte der oberste Schenk seinen Traum und sprach zu Josef: Mir hat geträumt, dass ein Weinstock vor mir wäre, der hatte drei Reben, und er grünte, wuchs und blühte, und seine Trauben wurden reif. Und ich hatte den Becher des Pharao in meiner Hand und nahm die Beeren und zerdrückte sie in den Becher und gab den Becher dem Pharao in die Hand. Josef sprach zu ihm: Das ist seine Deutung: Drei Reben sind drei Tage. Nach drei Tagen wird der Pharao dein Haupt erheben und dich wieder in dein Amt setzen, dass du ihm den Becher in die Hand gebest wie vormals, als du sein Schenk warst. Aber gedenke meiner, wenn dir's wohlgeht, und tu Barmherzigkeit an mir, dass du dem Pharao von mir sagst und mich so aus diesem Hause bringst.*

Als der oberste Bäcker sah, dass die Deutung gut war, sprach er zu Josef: Mir hat auch geträumt, ich trüge drei Körbe mit feinem Backwerk auf meinem Haupt und im obersten Korbe allerlei Gebackenes für den Pharao, und die Vögel frassen aus dem Korbe auf meinem Haupt. Josef antwortete und sprach: Das ist seine Deutung: Drei Körbe sind drei Tage. Und nach drei Tagen wird der Pharao dein Haupt erheben und dich an den Galgen hängen, und die Vögel werden dein Fleisch von dir fressen« (Genesis 40,1-19).

Die Träume anderer

Es ist schon eine verlockende Frage, welche Formen von Träumen es gibt und wie wir damit umgehen können. Und man sollte meinen, dass es machbar ist, seine Ängste zu überwinden, in sich nach den versteckten Träumen zu suchen und dann mit Gottes Hilfe eine große Erfahrung zu machen. Aber das Träumen bleibt ja nicht immer ganz so einfach, sobald es sich um zwei Personen handelt. Um es einmal ganz simpel auszudrücken: Wenn Sie den Traum haben, die Welt mit Sojaschnitzeln zu beglücken, und Ihr Partner sehnt sich nach einer Schlachterei, dann haben Sie ein Problem. Wenn Ihr Partner gerne eine Familie mit zehn Kindern haben möchte und Sie noch mit 45 lieber jeden Abend in die Disco gehen wollen, müssen Sie sich etwas einfallen lassen. Und wenn Sie vielleicht davon träumen, in Ihrer Firma ganz neue Wege zu gehen, und Ihr Mitinhaber will das auch – nur in die andere Richtung, dann ahnen Sie, was auf Sie zukommt. Ein Freund von uns ist aus der bayrischen Landeskirche nach Hessen gewechselt, weil er im Land des »Maß-Haltens« mit seiner Frau, die jüdischen Glaubens ist, nicht als Pfarrer arbeiten darf. Natürlich ist es wenig sinnvoll, ihm pauschal den Zutritt zum Pfarrberuf zu verweigern. Aber es braucht nicht viel Fantasie, sich vorzustellen, wie schwierig sich eine solche Beziehung gestalten kann. Wenn einer es sich zur Lebensaufgabe gemacht hat, den Menschen von der Liebe Jesu Christi zu erzählen, die sein Dasein bestimmt, und zugleich damit leben muss, dass seine Frau etwas glaubt, das sich trotz gemeinsamer Wurzeln doch in wichtigen Grundfragen, vor allem was die Person Jesu anbelangt, unterscheidet, dann ist es oft mehr als schwierig, in der eingeschlagenen Richtung entschieden voranzugehen.

Auch wenn es selten so extreme Fälle geben wird, ist eines klar: Jeder Traum, den ich habe, trifft auf die Träume anderer. Und ich werde tagein, tagaus mit den Träumen anderer konfrontiert, die versuchen, mich in ihr Leben zu integrieren. Und seien wir doch mal ehrlich: Scheitern nicht die meisten Träume daran, dass auf einmal Kinder da sind, dass der Beruf sich nicht so entwickelt wie geplant oder man alles erst einmal langsam angehen will? Träume anderer können mich einengen, sie können mich aber auch mitziehen oder meinen Einsatz herausfordern. Da, wo sich Menschen begegnen, da begegnen sich auch Träume.

Also: Wie gehe ich mit den Träumen von anderen um? Sinnvoll mit ihnen umgehen, kann ich auf jeden Fall nur dann, wenn ich sie ernst nehme. Wenn ich nicht von vornherein davon ausgehe, dass der Traum des anderen doch nur ein Hirngespinst, Größenwahn oder Geltungssucht ist. Eines dürfen wir nicht aus den Augen verlieren: In unserer Welt treten massive Probleme immer da auf, wo zwei Träume aufeinanderstoßen. Noch einmal: Das hat damit zu tun, dass Träumer mit ganzem Herzen bei der Sache sind, dass sie ihr Leben ihrem Traum verschrieben haben und dass sie bereit sind, einiges an Risiko auf sich zu nehmen.

In unserer Welt treten massive Probleme immer da auf, wo zwei Träume aufeinanderstoßen.

Wir dürfen die Bedeutung eines Traumes für einen Menschen niemals unterschätzen. Denn ein Traum gibt dem Leben Stütze und Ziel. Möglicherweise kennen Sie die Geschichte von den drei Bauarbeitern, die gefragt werden, was sie denn da tun. Eine Anekdote, die einiges über das Phänomen von Träumen deutlich macht. Also: Was antworten die drei

Maurer? Der erste sagt: »Ich schichte Steine aufeinander.« Der zweite fügt hinzu: »Ich verdiene Geld.« Der dritte aber strahlt: »Ich, ich baue einen Dom.« Wer von den dreien hat einen Traum? Natürlich der Dritte. Alle drei erledigen im Prinzip exakt die gleiche Aufgabe und machen doch etwas völlig anderes. Weil sie eine andere Einstellung, ein anderes Ziel und grundverschiedene Motivation mitbringen. Alle drei arbeiten mit Steinen, aber zwei der Männer denken nur an das Nächstliegende, während sich der Dritte von dem Ziel seiner Arbeit faszinieren lässt.

Und noch etwas zeigt diese Geschichte: Auch in ganz bescheidenen, einfachen Zusammenhängen liegt es an den Träumen, ob wir ein erfülltes oder ein leeres Leben haben. Das sollte man nicht vergessen. Der Begriff »Lebenstraum« klingt ja leicht etwas pathetisch und überzogen. Ein Traum muss aber nicht immer die Sehnsucht nach einem völlig herausragenden Ziel sein. Man bekommt schnell den Eindruck, nur Weltverbesserer und Genies hätten Lebensträume für sich gepachtet. Wir müssen lernen, einen viel feineren und zugleich für das tägliche Leben bedeutungsvolleren Begriff vom Träumen zu entwickeln. Seien Sie also nicht unzufrieden, wenn Sie in sich nicht den Ruf nach einer völlig anderen Existenz, etwa als Friedensstifter, als Missionar der Nächstenliebe in den Slums von Bombay, als gefeierter Star auf der Bühne des Burgtheaters oder in der Politik verspüren. Lebensträume zu haben heißt nicht, aus einem »bürgerlichen Dasein« so schnell wie möglich auszusteigen. Auch in ihm kann sich ein Leben von Grund auf verändern, wenn es von einem entsprechenden Traum ergriffen wird. Die drei Arbeiter vollbringen alle das Gleiche und trotzdem hat nur einer einen Traum. Und nur dieser eine wird am Ende seines Lebens sagen: »Ich habe etwas vollbracht.« Saint-Exupéry erzählt eine ähnliche Geschichte. Er fragte, wie man den Menschen am besten motivieren kann, ein Schiff zu bauen. Gewiss nicht, indem man ihnen hohe Provisionen in Aussicht stellt oder ihnen das Baumaterial zur Verfügung stellt. Die Antwort von Saint-Exupéry ist schlicht und treffend: Man muss in den Menschen die Sehnsucht nach dem weiten Meer wecken. Was Menschen motiviert, ist nicht das »Wie« und »Womit« ihrer Arbeit, sondern der Blick auf das Ziel, das sie anzieht.

Man muss in den Menschen die Sehnsucht nach dem weiten Meer wecken.

Es kann also durchaus sein, dass Sie bei der Verwirklichung Ihres Traumes eine Tätigkeit ausüben, die ein anderer auch verrichtet. Vielleicht ist auch er von Ihrem Traum beseelt, vielleicht auch nicht. Der Unterschied ist jedenfalls gewaltig. Und damit kommen wir zum Kern des Träumens: Was unterscheidet den »Dombauer« vom bloßen Lohnarbeiter? Warum mache ich mir selbst mein Leben unerträglich schwer, wenn ich keinen Traum Wirklichkeit werden lasse?

1. Größe

Der Dombauer denkt über sich hinaus. Er träumt bei jedem Stein, den er auf den anderen setzt, von dem herrlichen Gebäude, das einst mit seiner Hilfe gen Himmel ragen wird. Und das ist gleich das bedeutendste Merkmal eines Traumes, der von Gott kommt: Ein echter Traum setzt mich in größere Zusammenhänge, er lässt mich über mich hinausdenken, macht mir deutlich, dass es Werte und Ideale in dieser Welt gibt, für die es sich zu leben lohnt. Dass ich Teil einer Gemeinschaft, einer

> *Ein echter Traum setzt mich in größere Zusammenhänge, er lässt mich über mich hinausdenken.*

Schöpfung bin, die auf mich genauso angewiesen ist, wie ich auf sie angewiesen bin. Niemand, der nur für sich selbst lebt, kennt dieses mitreißende und herrliche Gefühl, sein Leben einer großen Sache verschrieben zu haben. Keine der großen biblischen Führergestalten hat in erster Linie an sich gedacht. Ihre Ziele hatten immer etwas mit den Träumen Gottes zu tun. Und da, wo sie – wie etwa David bei der Verführung Batsebas – auf einmal ihre egoistischen Wünsche in den Vordergrund stellten, brachten sie bald Leid und Unglück über sich und andere. Gelungenes Leben gibt es nur da, wo ich etwas vertrete, das nicht mich selbst in den Mittelpunkt des Interesses stellt. Ein Berufstätiger, der gern eine Million verdienen möchte, hat keinen Traum, er hat Ehrgeiz. Und wenn er sein Ziel erreicht, lässt ihn das letztlich doch unbefriedigt, weil er nichts anderes umgesetzt hat als ein egoistisches Bedürfnis. Ein echter Traum hat Größe. Wenn Sie sich bisweilen sehr klein fühlen, dann fragen Sie sich mal, ob Sie einen Traum haben, der größer ist als Sie selbst.

2. Qualität

Der Dombauer arbeitet am besten! Das mag simpel klingen, aber es ist einer der großen Unterschiede zu einem Menschen ohne Träume. Wer Steine aufeinanderlegt, ohne darin einen Sinn zu sehen, hat weder Ehrgeiz noch Freude noch Interesse an seiner Arbeit. Er versteht auch nicht, dass es einen Unterschied macht, ob er oder irgendjemand anderes diesen Stein hier hinlegt. Er hat keine Beziehung zu seiner Arbeit und ist im höchsten Maße – wie Karl Marx es ausdrückt – »entfremdet« – von sich, von der Tätigkeit, von seinem Leben und von Gott. Ein solcher Mensch kann kein gesundes Selbstwertgefühl entwickeln – und wer das nicht hat, kann auch nicht qualitätvoll arbeiten. Er sieht weder einen Grund, sich anzustrengen, noch glaubt er daran, dass er überhaupt etwas Besonderes leisten kann. Das gilt auch für jemanden, der seinen Job nur als Broterwerb betrachtet. Er wird seinen Job verständlicherweise ohne rechte Lust und ohne Seele verrichten. Warum sollte er auch mehr tun als Dienst nach Vorschrift: »Die Leistung muss gerade so groß sein, dass ich nicht gekündigt werde.« Vielleicht engagiert sich ein solcher Mensch, wenn es eine Zulage gibt, aber auch dann achtet er wahrscheinlich nur auf Quantität, nicht auf Qualität. Die Welt ist voller Menschen, deren mangelnder Arbeitseinsatz nichts mit ihren Fähigkeiten, sondern mit ihrer fehlenden Motivation, sprich: mit dem Fehlen eines Traumes, zu tun hat. Der Dombauer denkt nicht an den Stein, er denkt an das Ziel. Und das erscheint ihm so verheißungsvoll, dass er bereit ist, das Beste zu geben. Darum wird er nicht nur sorgfältig arbeiten, er wird, wenn es darauf ankommt, auch mal etwas länger bleiben, um einen verrutschten Stein geradezurücken oder die Fugen an seinem Dom noch etwas sauberer zu verdichten. Ein echter Traum motiviert. Wenn Sie keine Lust auf Ihr Leben haben, dann fragen Sie mal, ob Sie einen Traum haben, für den es sich lohnt, Einsatz zu bringen.

3. Glück

Der Dombauer ist glücklich! Machen Sie sich das bitte immer wieder klar. Ob der Steinschichter und der Geldverdiener an einem Dom, einer Schule, an einem Gefängnis oder an einem Klohäuschen arbeiten, ist ihnen relativ gleichgültig. Für manche von ihnen ist es sicherlich völlig egal, was Menschen einmal in diesem Gebäude an Freud oder auch Leid erleben werden. Es bedeutet ihnen einfach nichts. Sie verspüren oft nicht einmal eine persönliche Genugtuung, wenn ein Bauwerk vollendet ist. An die Stelle eines Erfolgsgefühls tritt eher die Erleichterung, dass die Plagerei nun vorbei ist. Wer ein solches Verhältnis zu seiner Tätigkeit hat, kann dabei nicht zufrieden werden. Wie auch? Ohne den Blick auf das Ganze gibt es weder Entwicklung noch Fortschritt. Und darum auch keine befriedigenden Erfahrungen, die etwas von der Fülle und der Schönheit des Lebens sichtbar machen. Der Dombauer dagegen ist glücklich. Er sieht, wie etwas Wertvolles mit seiner Hilfe wächst und gedeiht und eines Tages vollendet wird. Ein solcher Arbeiter wird stolz sein auf das, was er geleistet hat – auch wenn der Dom ihm nicht gehört. Weil er eine Beziehung zu seiner Arbeit hat, wird er von ihr berührt und erfährt Glück. Und zwar nicht nur, wenn er sein Ziel erreicht hat, sondern schon auf dem Weg! Das ist ganz entscheidend, weil es noch einmal ein Licht auf den egoistischen Menschen wirft, der den Ehrgeiz hat, eine Million zu verdienen. Ein Glücksgefühl hat dieser Mensch höchstens dann, wenn er sein Ziel erreicht, aber nicht auf dem Weg. Der Dombauer dagegen weiß, dass jeder Tag ein notwendiger und deshalb beglückender Schritt auf dem Weg zur Erfüllung seines Traumes ist. Wer sein Ziel abgesteckt hat, kann am Ende jeden Tages schauen, wie weit er auf dem Weg gekommen ist. Er gibt mit dem Traum seinem Leben ein klares Gerüst, eine nachprüfbare Orientierung und den Willen zum Weiterkommen. Sie ahnen vielleicht, welch einen Unterschied das machen kann.

> *Wer sein Ziel abgesteckt hat, kann am Ende jeden Tages schauen, wie weit er auf dem Weg gekommen ist. Er gibt mit dem Traum seinem Leben ein klares Gerüst.*

Wahrscheinlich kennen auch Sie zwei Menschen, die eigentlich ähnliche Fähigkeiten haben und trotzdem völlig unterschiedlich leben. Glück oder Unglück in unserem Leben ist letztlich eine Frage des Träumens. Wenn Sie nicht wissen, wo es in Ihrem Leben langgeht, fragen Sie sich doch einmal, ob Sie momentan einen Traum haben, der es Ihnen überhaupt ermöglicht, produktive Schritte zu gehen und damit Glück zu erfahren.

Noch einmal: Warum lohnt es sich, immer zu träumen? Weil ich meine kleine, eingefahrene Welt verlasse, weil ich für mein Leben motiviert bin und weil für mich jeder Tag auf einmal mit Sinn gefüllt ist. Wenn Sie mit anderen Menschen über Träume reden, und das ist ja in diesem Kapitel unser eigentliches Thema, dann sollten Sie zuallererst einmal darauf achten, ob Ihre Gedanken und die des anderen wirklich solche lebensverändernden und -bestimmenden Träume oder ob es egoistische Allüren sind.

Alle drei Arbeiter verrichten zumindest im Ansatz gleiche Arbeiten. Aber jetzt kommt es: Bei ihnen ist Streit vorprogrammiert. Und das gilt für alle Beziehungen: Ein Träumer wird immer Ärger mit Leuten bekommen, die keine Träume haben. Nichtträumer ertragen nämlich keine Träumer in ihrer Nähe, die ihnen die Beschränktheit ihres Daseins vor Augen führen. Wie wird es dann erst, wenn unterschiedliche Träume aufeinanderprallen? Am deutlichsten zeigt sich das etwa in Generationskonflikten. Wenn die Tochter sagt: »Ich werde Stuntwoman«, während der Vater sie längst als Erbin seiner Anwaltskanzlei eingeplant hat, dann geht es bei beiden nicht nur um die Durchsetzung ihres Willens, sondern es liegen immer ganze Lebenskonzepte, lang vorgedachte Planungen und existenzielle Träume zugrunde.

So könnte man dem Vater wie der Tochter den fundamentalen Kernsatz als Graffiti an die Wand sprayen: Jeder Konflikt zwischen Menschen ist eigentlich ein Konflikt zweier Träume. Wir sind es nur nicht gewohnt, über unsere Träume zu reden. Darum hängen wir uns an irgendwelchen Oberflächlichkeiten auf, streiten über Äußerlichkeiten und verbohren uns in Nebensächlichkeiten. Es passiert so oft, dass wir als Beobachter einer Auseinandersetzung unverständig davorstehen und uns fragen, wie man sich über eine solche Lapalie dermaßen in die Haare kriegen kann. Das hängt damit zusammen, dass es eben nicht um den scheinbaren Auslöser geht, sondern um das, was dahintersteht. Wenn Sie also einen Konflikt ernsthaft lösen wollen, fragen Sie bitte zuallerst nach den Träumen, die auf beiden Seiten hinter einem bestimmten Verhalten stehen, denn sonst wird eine Lösung nicht von Dauer sein. Versuchen Sie nicht, bezüglich des vordergründigen Streitgrundes eine Einigung zu erzielen – denn dann bricht der Konflikt an anderer Stelle wieder aus –, sondern finden Sie heraus, welche Träume sich beißen, und Sie haben das Problem schon halb gelöst.

Jeder Konflikt zwischen Menschen ist eigentlich ein Konflikt zweier Träume.

Denken Sie an diesen Josef: Er kommt mit seinem bunten Sonntagsgewand zu seinen Brüdern und aus Ärger über dieses Kleid werfen sie ihn in den Brunnen. Offizieller Aufhänger des Ganzen wird das Outfit des jungen Träumers. Wenn die Brüder nicht tief in sich voller Hass und Ärger gewesen wären, hätten sie ja auch über diesem eitlen Fummel stehen und mit etwas ironischer Stimme sagen können: »Na, sieht er nicht süß aus, unser Kleiner!« Haben sie aber nicht. Und meinen Sie wirklich, es hätte etwas gebracht, wenn Josef in Jeans erschienen wäre? Natürlich nicht. Früher oder später hätte etwas anderes den schon lange schwelenden Streit ausgelöst. Es geht in der Geschichte von der Erniedrigung des Josef nicht um die Kleidung (Es geht übrigens auch bei konservativen Gemütern, die sich über ein angeblich unpassendes Outfit – etwa in der Kirche – aufregen, in der Regel nicht um die Kleidung an sich). Da stoßen zwei Träume zusammen: das ungeduldige Warten von Josef auf die Erfüllung seiner Herrschaftsträume und die Sehnsucht der Brüder nach Gleichberechtigung und Anerkennung. Und in Ägypten ist es das Gleiche: Josef kommt eigentlich nicht ins Gefängnis, weil er nicht mit der Frau des Potifar schlafen will. Das ist wieder nur eine der Äußerlichkeiten, die zum Auslöser für das Aufeinanderprallen unterschiedlicher Vorstellungen wird. Die liebesbedürftige Herrin beschuldigt ihn der Vergewaltigung, weil da zwei Träume aufeinanderstoßen: die Hoffnung auf sexuelle Erfüllung und Begehrtsein und die Vision Josefs, für seine Familie zum Lebensretter zu werden. Vielleicht hätte der junge Israelit sogar sehr gerne eine Nacht mit der Verführerin verbracht, aber er wusste, dass er seinen Traum nicht gefährden durfte. Wer sich ganz einem Traum verschreibt, der wird entdecken, dass er mit neuen Au-

Wer sich ganz einem Traum verschreibt, der wird entdecken, dass er mit neuen Augen und einer neuen Motivation fragt, was ihm gut tut oder schadet.

gen und einer neuen Motivation fragt, was ihm gut tut oder schadet.

Nun aber zurück zu Josef. In unserem zweiten Textabschnitt befindet er sich wieder einmal in einer Phase, die auf den ersten Blick für seinen Lebenstraum nicht gerade förderlich wirkt. Er ist eingesperrt. Und trotzdem macht auch in diesem Augenblick seine Vision den entscheidenden Unterschied, denn ohne Traum wäre seine Geschichte hier zu Ende gewesen. Ohne Traum hätte er resigniert und aufgegeben. Das Volk Israel wäre nicht durch Jakob nach Ägypten gekommen, es hätte keinen Exodus, keinen Auszug durch das Rote Meer und keine Wüstenwanderung gegeben und Josua wäre nicht in das Gelobte Land eingezogen. Das ist wichtig: Die Träume, die wir von Gott bekommen, haben immer etwas mit seinem Reich zu tun. Wahrscheinlich können wir überhaupt nicht erahnen, welche grandiosen Folgen etwas Kleines haben kann, das wir beitragen. Josef hatte diese Ahnung. Er wusste, dass bei Gott alle Dinge zum Besten dienen. Und weil er im Gefängnis nicht verzweifelt, sondern an den Verheißungen Gottes festhält, und weil man ihm anmerkt, dass er an eine Zukunft für sich glaubt, steigt er auch in der sicher nicht allzu freundlichen Atmosphäre des ägyptischen Gefängnisses bald zum Assistenten des Wärters auf. Und in dieser Funktion gerät er dann an den Mundschenk und den Bäcker des Pharaos, die ihm ihre Träume erzählen. (Lesen Sie die Stelle jetzt am besten noch einmal nach.)

Die Träume, die wir von Gott bekommen, haben immer etwas mit seinem Reich zu tun.

Hätte sich der eitle Israelit nicht heraushalten können? Was gehen uns eigentlich die Träume anderer an? Sollen wir uns überhaupt um die vagen Vorstellungen anderer kümmern? Eine Antwort erscheint im Rückblick sehr einfach: Ja, Josef musste sich um die Träume der Beamten kümmern! Denn das Lösen der Träume löst im Grunde auch die Probleme des eingesperrten Aufsteigers! Weil er die Gedanken des Mundschenks so gut versteht, ruft ihn dieser später als Traumdeuter zum Pharao. Und dort kann er sich so überzeugend präsentieren, dass er zur rechten Hand des Herrschers wird. Es wird immer wieder vorkommen, dass ein Traum durch Dinge vorangebracht wird, von denen wir es gar nicht erwartet hätten.

Deshalb passiert bei echten Träumern etwas grundsätzlich sehr Beeindruckendes: Ihr Traum hilft ihnen nicht nur, in ethischen Fragen verantwortungsvoller zu leben, er beeinflusst auch die grundsätzliche Lebenseinstellung. Weil Josef keine Ahnung hatte, auf welchem Weg Gott seinen Traum voranbringen würde, lebte er auch im Gefängnis voller Offenheit, positiver Lebenseinstellung und Freundlichkeit. Und so ist es gar nicht erstaunlich, dass diese Lebenshaltung ihm den nächsten Schritt ermöglicht. Wer sein Leben aus einem Traum heraus gestaltet, der geht hellwach, fröhlich und bewusst durch den Alltag. Denn er weiß, dass Gottes Wege manchmal unergründlich sind, dass sie aber immer zu einem guten Ziel führen. Wer das so denken kann, der wird anders leben als jemand, der keinen Grund hat, auf Gottes Beistand zu hoffen. Thomas Mann behandelt diesen Zusammenhang in seinem Josefsroman sehr intensiv. Er sagt, dass wahrscheinlich viel mehr Menschen gesegnet sind, als wir ahnen. Ja, dass Gott die Menschheit überschüttet mit seiner Freundlichkeit. Aber: Die einen leben diesen Segen – und nur darum kann er auch seine Wirkmächtigkeit entfalten. Die anderen trauen diesem Segen nicht – und darum erfahren sie ihn eben auch nicht. Genau so ist das mit den Träumen.

Aber die Auseinandersetzung mit den Träumen unserer Freunde, Bekannten und Nächsten hat darüber hinaus auch eine ganz menschliche Komponente: Wirklich nah kommen wir einem anderen Menschen ohnehin nur, wenn wir von ihm mehr kennen als seine Fassade. Und da stehen nun einmal die Träume an erster Stelle. Sie machen in der Regel etwas vom innersten Fühlen und Denken der Menschen deutlich. Darum gehört zum Teilen von Träumen zuallererst das Teilen von Leben. Mit anderen reden, an ihnen interessiert sein. Wer nichts über andere weiß, kann auch nichts mit ihnen teilen. Denn Sie können sich ja nur mit anderen freuen oder mit ihnen leiden, sie nur dann ermutigen oder ermahnen, wenn Sie wissen, was in ihnen vorgeht. Teilen verlangt Offenheit. Und wer nicht in der Lage ist, mit anderen über seine Freuden und Ängste zu reden, wird auch niemals ein echter Traum-Partner werden: Wenn Sie Träume nicht teilen können, leben Sie Ihr eines Leben – geprägt von der Angst, zu kurz zu kommen. Wenn Sie teilen können, leben Sie nicht nur ein Leben, sondern auch all die Leben der Menschen, mit denen Sie Gemeinschaft haben. Paulus fasst das so zusammen: »Wenn ein Glied leidet, so leiden alle Glieder mit, und wenn ein Glied geehrt wird, so freuen sich alle Glieder mit!« (1 Kor 12,26). Darum gehört es zur Nächstenliebe, dass wir die Träume anderer ernst nehmen. Fünf Punkte wollen wir hervorheben, die unserer Meinung nach gut zusammenfassen, was wir aus dem Verhalten Josefs über den Umgang mit den Träumen anderer lernen können:

1. Biete deine Hilfe an!

So wie auch Josef seine Hilfe anbietet. Wer einmal erlebt hat, wie Menschen aufblühen, die ein offenes Ohr für ihre Träume finden, der wird sich ärgern, dass er nicht viel früher den Mut hatte, einfach zu fragen. Wir leben in einer Gesellschaft, in der wir uns angewöhnt haben, nur noch über das zu reden, was ist, nicht mehr über das, was sein könnte. Und die wenigsten trauen sich, offen zu bekennen, dass sie sich ihr Leben auch anders vorstellen könnten. Kein Wunder, denn das könnte ja als Zeichen von Schwäche gedeutet werden. Wenn jemand Träume hat, dann gibt er ja zu, dass im Moment noch nicht alles vollkommen ist. Und es gehört nun mal heute zum guten Ton, sich als erfolgreichen und perfekten Menschen darzustellen. Wir belügen uns lieber selbst, als dass wir uns eingestehen würden, an uns gäbe es noch etwas zu verbessern. Doch die Träume sind deswegen nicht weniger mächtig in uns. Darum verdrängen wir sie, ignorieren sie und reden uns ein, wir seien bereits ausgereift. Bieten Sie Ihre Hilfe an – und suchen Sie sich Menschen, die sich nicht scheuen, Sie nach Ihren Träumen zu fragen. Eine Welt, in der wir wieder Mut hätten, ehrlich und liebevoll über unsere Träume zu reden, wäre eine andere, eine natürlichere und reichere Welt.

Aber natürlich ist es nicht nur das Umfeld, das uns Angst macht, unsere Sehnsüchte einzugestehen. Oft scheuen wir uns auch selbst vor ihnen, weil wir nur zu gut wissen, dass eine Offenheit in diesem Bereich ungeahnte Konsequenzen hätte und uns aus unserem Schneckenhaus, in dem wir uns verkrochen haben, herausholen würde. Darum ist es einer der größten Akte der Nächstenliebe, auf andere zuzugehen und nach ihren Träu-

Eine Welt, in der wir wieder Mut hätten, ehrlich und liebevoll über unsere Träume zu reden, wäre eine andere, eine natürlichere und reichere Welt.

men zu fragen. So, wie Josef das im Gefängnis tut. Er erkennt am Verhalten der beiden Beamten, dass etwas in ihrem Leben nicht stimmt. Dass sie über das reden sollten, was sie bedrückt, und dass sie einfach einmal gefragt werden müssen. Eine wunderschöne Stelle: »Als nun am Morgen Josef zu ihnen hereinkam und sah, dass sie traurig waren, fragte er sie und sprach: ›Warum seid ihr heute so traurig?‹ Sie antworteten: ›Es hat uns geträumt, und wir haben niemanden, der es uns auslege.‹ Josef sprach: ›Auslegen gehört Gott zu; doch erzählt mir's.‹« Und plötzlich sprudelt es nur so aus den beiden raus und sie können alles, was sie bewegt und bedrängt, loswerden. Diese Erfahrung werden Sie immer wieder machen, wenn Sie nach Träumen fragen. Tun Sie's bitte. Konkret könnte das vielleicht vorsichtig so formuliert werden: »Wie soll eigentlich dein Leben in einem Jahr aussehen? Was fehlt dir jetzt? Wenn es keine Einschränkungen gäbe, was wärst du dann gern? Wenn du etwas von heute auf morgen an deinem Leben ändern dürftest, was wäre das?«

2. Hör gut zu

Die beiden Gefangenen wissen selbst nicht, was ihre Träume zu bedeuten haben. Darum sind sie ja auch so unsicher. Und wer ist schon sicher, wenn es um Lebensträume geht? Darum muss derjenige, der zuhört, wirklich zuhören und nicht gleich mit Urteilen oder persönlichen Meinungen kontern. Wenn Sie mit anderen über deren Träume reden, versuchen Sie bitte, sich wirklich in die Personen hineinzudenken und sich zurückzunehmen, also auch nicht, Ihre Maßstäbe anzulegen. Ein Grund, warum wir so zurückhaltend mit dem Erzählen von Visionen und Ideen sind, ist normalerweise die

Angst, vom anderen aus dessen völlig subjektiver Sicht bewertet und kritisiert zu werden. Nehmen Sie den anderen erst einmal wahr, machen Sie sich die Beweggründe und Motive seiner Träume zu Eigen, bemühen Sie sich, die Dinge aus seiner Perspektive zu sehen und zu berücksichtigen, dass es nicht um Ihr, sondern um sein Leben geht. Oft kann es sinnvoll sein, das eigene Verständnis noch einmal zu überprüfen und den Traum des anderen so wiederzugeben, wie man ihn meint, gehört zu haben: »Wenn ich dich richtig verstehe, dann träumst du davon …« Gerade weil wir alle eine große Scheu haben, über unsere Träume zu reden, kann es sehr gut tun, wenn uns jemand anderer unseren eigenen Traum noch einmal erzählt. Manchmal erkennen wir dabei schon, über welche Dinge wir noch einmal nachdenken müssen, was schon jetzt faszinierend ist und warum wir eigentlich noch nicht angefangen haben, die Vision umzusetzen. Das Wichtigste in einem »traumhaften« Gespräch ist die Möglichkeit, dass ich für den anderen zum Sprachrohr werde, seinem Traum noch einmal mit meinen Worten ein neues Gesicht verleihe. Die Kunst, zuzuhören und den anderen wahr- und ernst zu nehmen, beherrscht man nicht von heute auf morgen. Aber wenn man einmal gelernt hat, den Träumen des anderen wirklich Raum zu geben und sie nicht sofort durch eine Antwort wieder einzuschränken, ist man auch bereit, darauf in vernünftiger und einfühlsamer Weise einzugehen. Gerade bei Generationskonflikten oder festgefahrenen Streitigkeiten können sich blitzschnell große Dinge ändern, wenn die Parteien sich einmal Zeit nehmen, dem anderen zuzuhören, ohne gleich wieder die eigene Position dagegen auszuspielen. Aber Achtung! Wenn Ihnen die Träume des anderen zuwider sind oder Sie und Ihre Lebensphilosophie sogar angreifen, dann nützt es weder zu streiten noch ewig zuzuhören. Zu einem gesunden Umgang mit den Träumen anderer gehört auch die Erkenntnis, dass sich nicht alle Träume in der Welt miteinander in Einklang bringen lassen. Oft bleibt dann nur noch eines: Kompromissbereitschaft oder Trennung. Bei zwei Parteien, die einander wirklich zuhören können, wird aber das zweite normalerweise nicht eintreten.

Wenn Sie den Traum des anderen verstanden haben, sollten Sie sich natürlich auch nicht scheuen, Ihre Meinung zum Ausdruck zu bringen.

3. Sage klar, wenn du die Chancen eines Traumes siehst

Nichts brauchen Menschen mehr als Ermutigung bei ihren Träumen, denn sie sind sich ja meistens selbst unsicher darüber, ob sie das alles richtig verstehen. Es ist nicht so, dass alle Träumer mit eiserner Überzeugung an ihren Ideen festhielten. Je größer die Träume werden, desto größer werden auch die Zweifel. Die eigentliche Kraft der Träumer beginnt da, wo sie einerseits lernen, trotz aller Zweifel oder gerade wegen ihnen weiterzumachen, und wo sie andererseits erkannt haben, dass die Wege zu unseren Träumen ohnehin nie gerade sind. Das, was Träumer am nötigsten brauchen, sind Mit-Träumer. Menschen, die sie, weil sie von der Richtigkeit des Traumes überzeugt sind, immer wieder herausfordern, stärken, unterstützen und motivieren. Um es noch einmal deutlich zu sagen: Einen Traum kann man nicht alleine träumen. Wenn Sie also Mut bekommen, sich mit den Träumen anderer auseinanderzusetzen oder wenn Sie von deren Visionen mitge-

Nichts brauchen Menschen mehr als Ermutigung bei ihren Träumen.

rissen werden, dann können Sie ihnen keinen größeren Dienst erweisen, als sie zu ermutigen. Nehmen Sie sie so oft wie möglich zur Seite und fragen Sie, welche Schritte sie auf dem Weg zu ihrem Ziel gegangen sind. Erinnern Sie sie an die Träume und zeigen Sie, dass Sie Vertrauen in sie haben. Im Idealfall ist es ohnehin so, dass Sie merken, welcher Gewinn die Verwirklichung eines Traumes für den anderen und für die Gemeinschaft wäre.

Auch das Ermutigen ist ein Phänomen, das den aktuellen Gesellschaftstrends absolut entgegenläuft. Wir leben in einer Zeit, in der es zum guten Ton gehört, über andere möglichst locker und gehässig herzuziehen. Kaum etwas haben wir so kultiviert wie das Lästern, Jammern und Niedermachen. Aber eine solche Haltung geht an einer Gemeinschaft nicht spurlos vorüber. Zugleich ist dieses Thema zutiefst theologisch. Die innigste und fundamentalste Zusage Gottes an den Menschen lautet: »Du bist wertvoll. So wertvoll, dass ich sogar bereit war, meinen Sohn für dich zu opfern. Du, Mensch, bist wertvoll, weil ich dich gemacht und reich beschenkt habe. Und mit dieser Zusage kann dein Leben gelingen.« Warum uns das immer wieder schwer fällt zu glauben, hängt unter anderem damit zusammen, dass wir an allen Ecken und Enden signalisiert bekommen, wie schlecht wir sind. Wir zählen nur etwas, wenn wir Entsprechendes leisten. Wer die Träume anderer ernst nimmt, kann gar nicht anders, als diesen Trend umzukehren. Das klingt leicht, ist aber unglaublich schwer. Doch es wäre ein ungeheurer Fortschritt.

Aber warum fällt es uns eigentlich so schwer, jemanden zu loben und ihm zu sagen, dass wir an ihn und seine Träume glauben? Eigentlich ist das doch eine ungemein positive Sache! Möglicherweise fehlt uns schlichtweg die Übung. Darum: Fragen Sie sich doch einfach einmal, wann Sie das letzte Mal jemanden aus ganzem Herzen – und nur dann wird er es ernst nehmen können – gelobt und ermutigt haben? Oder noch konkreter: Wann sind *Sie* das letztemal wirklich gelobt worden? Wann hat Ihnen jemand ins Gesicht gesagt: »Du kannst es! Du bist ein so toller Mensch und Gott hat dich so wunderbar geschaffen, dass ich mir sicher bin: Du bekommst das mit deinem Traum hin!« Probieren Sie es aus: Es ändert etwas. Wir sind fest überzeugt davon, dass sich in dieser Gesellschaft einiges verbessern würde, wenn wir entschieden wären, uns in unseren Träumen gegenseitig zu ermutigen und zu helfen.

4. Sage klar, wenn du die Gefahr eines Traumes siehst

Wenn ein Fünfundvierzigjähriger mit leuchtenden Augen davon schwärmt, dass er gerade mit Tennisspielen angefangen hat und nun hofft, noch einmal bei Wimbledon im Endspiel zu stehen, ist das absurd. Es hat wahrscheinlich auch nichts mit einem existenziellen Lebenstraum zu tun. Leider ist es aber im Normalfall nicht immer so leicht, einen echten Traum von einer Utopie zu unterscheiden. Hier müssen Sie nach sorgfältiger Prüfung versuchen, Ihren Standpunkt klarzumachen. Reden Sie nicht um den heißen Brei herum. Sagen Sie offen, wenn Sie den Eindruck haben, dass ein Mensch sich etwas vormacht. Aber Vorsicht: Nicht deshalb, weil sein Traum vielleicht nicht Ihr Traum ist! Wenn Sie nur Ihre Maßstäbe ansetzen, verkennen Sie möglicherweise die Möglichkeiten, die Gott in sie oder ihn gelegt hat. Es geht um die Frage, ob für den anderen ein Traum Wirklichkeit werden kann. Sie dürfen ein Utopie-Verhinderer sein, seien Sie bitte niemals ein Traum-Verhinderer.

> *Sie dürfen ein Utopie-Verhinderer sein, seien Sie bitte niemals ein Traum-Verhinderer.*

Sie haben dann die ziemlich schwierige Aufgabe, sich in den anderen hineinzudenken und gleichzeitig keine »Du-Aussagen« zu kommunizieren. »Du-Aussagen« sind Formulierungen, die etwas über den anderen sagen, »Ich-Aussagen« sind Formulierungen, die etwas über Sie aussagen. Du-Aussagen werden schnell missverstanden und wirken oft verletzend und abwertend: »Du hast einen falschen Lebenstraum!«, stellt den anderen in Frage. »Ich kann mir nicht vorstellen, dass so ein Traum wahr werden kann«, ist eine subjektive Rückmeldung Ihrerseits, über die man nicht diskutieren kann. Denn es handelt sich ja um Ihre persönliche Wahrnehmung, ein momentanes Empfinden, das weder falsch noch wahr ist. Spüren Sie den Unterschied: Es ist etwas völlig anderes, ob ich über den anderen rede oder ob ich meine Gefühle und Gedanken ausspreche, die einfach eine Meinung präsentieren, mit der sich der andere dann auseinandersetzen kann. Entscheidend ist, dass man Ihre Gefühle nicht in Frage stellen kann; Sie geben dem anderen einfach ein Möglichkeit zum Weiterdenken. Sagen Sie: »Mir ist kalt«, kann Ihr Gegenüber sich zwar wundern, weil es doch gerade 34 °C im Schatten ist, er kann aber Ihre Position nicht kaputtreden, Sie frieren eben. Im Normalfall entstehen die schärfsten Konflikte da, wo endlos über Dinge argumentiert wird, die eigentlich von Emotionen getragen werden. Darum gilt: Sprechen Sie nicht wertend, sondern beschreiben Sie vorsichtig, welche Gefahren Sie sehen, ohne den Traum sofort zu opfern. Der andere wird sich Ihre Anfragen schon zu Herzen gehen lassen. Benutzen Sie Ich-Aussagen und nicht Du-Aussagen. Gerade wenn der andere ein Freund von Ihnen ist, werden Sie merken, wie schwer es ist, jemandem klar zu sagen, dass man seinen Traum für verfehlt hält. Denken Sie aber daran: Josef sagt dem Bäcker zwar Schmerzhaftes, aber nichts Falsches, er öffnet ihm nur die Augen für die Realität.

5. Erkenne, dass Träume und »Traumdeutung« von Gott kommen

Josef spielt nicht den kleinen Psychoanalytiker. Er versucht nicht, das, was er gehört hat, auf eigene Faust gewagt zu interpretieren, sondern er sagt klar und deutlich: »Das kann nicht ich, das tut Gott.« So, wie alle existenziellen Träume Gaben Gottes sind, geht es letztlich auch beim Umgang mit den Träumen anderer nicht um unseren kleinen Horizont, sondern um die grenzenlose Liebe Gottes. Wenn Sie als Christ mit den Träumen anderer konfrontiert werden, fragen Sie bitte immer auch nach den Dimensionen Gottes. Es mag sein, dass Ihnen der Traum Ihres Pfarrers, von nun an im Gottesdienst Alphorn statt Orgel spielen zu lassen, persönlich sehr missfällt, aber vielleicht ist das gerade Gottes Weg, der Kolonie von Exilschweizern in Ihrer Gemeinde etwas von der Vielfalt und der Kraft des Heiligen Geistes nahezubringen. Nein, im Ernst: Die Frage, ob und wie Gott durch die Träume eines Menschen etwas in dieser Welt bewegen möchte, sollte in Ihrer Auseinandersetzung mit Lebensträumen von anderen immer eine Rolle spielen. Beten Sie für Ihre Gespräche und vertrauen Sie darauf, dass Gott Ihnen hilft, die Träume des

Es geht letztlich auch beim Umgang mit den Träumen anderer nicht um unseren kleinen Horizont, sondern um die grenzenlose Liebe Gottes.

anderen richtig zu verstehen und zu kommentieren. Das ist gerade deshalb wichtig, weil Träume über den Einzelnen hinausgehen. Andererseits nimmt Ihnen das Vertrauen auf Gottes Beistand auch etwas von der Verantwortung ab. Niemand erwartet von Ihnen, dass Sie auf jede Vision und jede vielleicht noch so merkwürdige Idee eines Menschen in Ihrer Umgebung eine Antwort haben. Wenn Ihnen nichts einfällt, bringen Sie den Traum des anderen – vielleicht mit ihm gemeinsam – vor Gott und fragen Sie die Bibel. Vielleicht richten Sie sogar in Ihrer Gemeinde einen Kreis ein, der bewusst vor allem für die Träume der Mitglieder betet und sich vornimmt, sich konstant und helfend darum zu bemühen, auf geistlicher Ebene ein fruchtbares Fundament zu schaffen, auf dem Träume wachsen, kräftig werden und blühen können. Stellen Sie sich das einmal vor: Jeden Tag beten Menschen dafür, dass Ihr persönlicher Lebenstraum wahr wird und zur Ehre Gottes etwas in Ihrem Leben und der Welt verändert. Seien Sie gewiss, dass das nicht ohne Folgen bleibt. Denn eines ist sicher: Gott möchte, dass die Welt mehr und mehr von seiner Liebe durchdrungen wird.

Wie also sollen wir mit den Träumen anderer umgehen? Hier noch einmal die Zusammenfassung: Wo wir die Träume eines anderen verstehen, lernen wir ihn richtig kennen. Das kann nur gelingen, wenn wir unsere Hilfe und Nähe auch anbieten, wenn wir lernen, geduldig und einfühlsam zuzuhören, und wenn wir den Mut bekommen, liebevoll, aber deutlich zu sagen, wo wir Risiken und Chancen der Träume sehen. Mit dem Wissen um die Bedeutung lebensrelevanter Träume und um den Beistand Gottes können wir mit der richtigen Ermutigung dem anderen helfen, Dinge anzugehen und umzusetzen, die er wahrscheinlich selbst gar nicht für möglich gehalten hätte. Dabei sollten wir unseren Anteil nie-

»Die größte Sünde ist die gegen die Hoffnung.«

mals zu klein einschätzen. Kein Träumer hält bis zur Verwirklichung seines Traumes aus, wenn er nicht immer wieder Mit-Träumer findet, die ihm beistehen und seinem Traum neue Kraft und Hoffnung geben. Thomas von Aquin sagte einmal: »Die größte Sünde ist die gegen die Hoffnung.« Also, um Himmels willen, fangen wir doch endlich an, den Menschen und dieser Welt Hoffnung zu machen. (Und um mal ganz direkt zu fragen: Von welchen Ihrer Freunde kennen Sie denn die Träume?) Da, wo wir Träume teilen, teilen wir das Leben. Gleichzeitig vermeiden wir Konflikte, weil wir uns nicht um Kleinigkeiten streiten, sondern direkt über die eigentlichen Probleme sprechen können. Vor allem aber entdecken wir einen ganz neuen Begriff von Nächstenliebe: Wer seinen Mitmenschen hilft, ihre Träume zu entfalten, der hilft ihnen, Gottes Nähe und seine Träume für ihr Leben zu erfahren. Denn da, wo wir die Gaben und Träume leben, die Gott uns gegeben hat, da wird etwas von der unendlichen Vaterliebe unseres Gottes in der Welt sichtbar. Und nicht zuletzt haben wir den Traum, dass das, was wir den Träumen unserer Freunde zuteil werden lassen, auch uns zuteil wird.

Kapitel 3

Zukunft oder Hoffnungslosigkeit

Vom Umgang mit Menschheitsträumen

In diesem Kapitel lesen Sie, welche unglaublichen Dimensionen Träume haben können – sie beeinflussen weit mehr als unser Leben und das unserer Freunde und Bekannten, sie wirken in die Welt. Jeder, der sich nur ein bisschen für die Gesellschaft verantwortlich fühlt, wird sich deshalb auch mit den Menschheitsträumen auseinandersetzen. Wie man dabei zu einem »Opti-Realist« wird, der seinen Glauben so lebt, dass er nach außen strahlt, zeigt Josef am Hofe des Pharao.

Und nach zwei Jahren hatte der Pharao einen Traum, er stünde am Nil und sähe aus dem Wasser steigen sieben schöne, fette Kühe, die gingen auf der Weide im Grase. Nach diesen sah er andere sieben Kühe aus dem Wasser aufsteigen; die waren häßlich und mager und traten neben die Kühe am Ufer des Nils. Und die häßlichen und mageren fraßen die sieben schönen, fetten Kühe. Da erwachte der Pharao. Und er schlief wieder ein, und ihm träumte abermals, und er sah, daß sieben er Ähren aus einem Halm wuchsen, voll und dick. Danach sah sieben dünne Ähren aufgehen, die waren vom Ostwind versengt. Und die sieben mageren Ähren verschlangen die sieben dicken und vollen Ähren. Da erwachte der Pharao und merkte, daß es ein Traum war. [...] *Da redete der oberste Schenk zum Pharao und sprach: Im Gefängnis, da war bei uns ein hebräischer Jüngling, der deutete uns unsere Träume. Und wie er uns deutete, so ist's gekommen. Da sandte der Pharao hin und ließ Josef rufen* [...]. *Da sprach der Pharao zu ihm: Ich habe einen Traum gehabt, und es ist niemand, der ihn deuten kann. Ich habe aber von dir sagen hören, wenn du einen Traum hörst, so kannst du ihn deuten. Josef antwortete dem Pharao und sprach: Das steht nicht bei mir; Gott wird jedoch dem Pharao Gutes verkünden. Beide Träume des Pharao bedeuten das gleiche. Gott verkündet dem Pharao, was er vorhat. Die sieben schönen Kühe sind sieben Jahre, und die sieben guten Ähren sind dieselben sieben Jahre. Es ist ein und derselbe Traum. Die sieben mageren und häßlichen Kühe, die nach jenen aufgestiegen sind, das sind sieben Jahre, und die sieben mageren und versengten Ähren sind sieben Jahre des Hungers. Das meinte ich, wenn ich gesagt habe zum Pharao, dass Gott dem Pharao zeigt, was er vorhat. Siehe, sieben reiche Jahre werden kommen in ganz Ägyptenland. Und nach ihnen werden sieben Jahre des Hungers kommen, so dass man vergessen wird alle Fülle in Ägyptenland. Und der Hunger wird das Land verzehren, dass man nichts wissen wird von der Fülle im Lande vor der Hungersnot, die danach kommt, denn sie wird sehr schwer sein* (Gen 41,1-7, 9a, 12, 13a, 14-16, 25-41).

Menschheitsträume

Es geschah an einem Berghang in der Nähe von Kafarnaum. Jesus hatte soeben die Massen mit einer seltsamen Botschaft erstaunt: Er hatte ihnen erzählt, dass gerade die Menschen, die sich für unwürdig halten, in Gottes Königreich zu kommen, eingeladen sind, einzutreten – nicht aus ihrem Verdienst heraus, sondern aus seinem Verdienst. Und Jesus wollte, dass diese lebensverändernde und die Ewigkeit beeinflussende Botschaft auf der ganzen Welt und durch die gesamte Geschichte hindurch verbreitet wird. Ein Menschheitstraum. Es gibt viele Träume, die anfangs ganz bescheiden daherkamen und sich im Nachhinein als Auslöser für weltumspannende Veränderungen entpuppten. Denken Sie an die Abschaffung der Sklaverei, die Erfindung des Telefons oder die Entdeckung der Antibabypille. Ja, es gibt Träume, die sind von vornherein so dimensioniert, dass jeder Einzelne, der daran teilhat, erkennt: Hier geht es nicht nur um mich, hier geht es um etwas sehr viel Größeres. Wie kann man so einen Traum erkennen? Wie verhält man sich zu ihm? Welche Strategie gibt es für den Einzelnen? Jesus macht aus seiner Strategie kein Geheimnis, er gibt sie sofort bekannt – ein umwerfender Plan. Zusammengefasst sagt er zu seinen Jüngern: »Ihr seid meine Marketingstrategie. Durch euch möchte ich diese gute Botschaft in der ganzen Welt verbreiten. Ihr seid das Salz und das Licht der Welt! Wenn ihr alle gemeinsam den Willen Gottes tut, dann steht der Verwirklichung nichts mehr im Wege.« Das ist Plan A. Und er sollte funktionieren, denn für das Geheimnis von der unendlichen

> *»Ihr seid meine Marketingstrategie. Ihr seid das Salz und das Licht der Welt!«*

Liebe Gottes gibt es keinen Plan B. Gott will seine Liebe an die Frau und den Mann bringen.

Hunderte von Jahren vor diesen Ereignissen begegnet auch der junge Josef einem Traum, in dem alle Beteiligten nur kleine Rädchen sind. Denn in den scheinbar harmlosen Bildern von Ähren und Kühen dreht sich eigentlich alles um gravierende Klimaschwankungen und das Schicksal des ganzen Vorderen Orients. Und trotz dieser gewaltigen Dimension des Ganzen weiß jeder der Beteiligten, dass auch die kleinen Rädchen richtig gedreht werden müssen, wenn das alles gut ausgehen soll. Denn an ihnen liegt es, ob Hunderttausende von Menschen die erwartete Dürrezeit überleben oder nicht. Ein Menschheitstraum braucht unendlich viel Weisheit, Demut vor seiner Größe und eine innere Sicherheit, um den Aufgaben gewachsen zu sein, die er mit sich bringt.

Bevor Sie sich auf die Geschichte Josefs an dieser Stelle einlassen, laden wir Sie ein, sich einen Moment Gedanken über die Menschheitsträume zu machen, denen Sie bisher in Ihrem Leben begegnet sind. Was ist überhaupt ein Menschheitstraum? Der Kommunismus, der Kapitalismus, die Demokratie, die soziale Marktwirtschaft oder der christliche Glaube: Sie alle haben, bevor sie uns in überwiegend institutionalisierter Form begegneten, an ihrem Ursprung große Träume gehabt, die sich immer auf alle Menschen bezogen. Aber was sind die aktuellen Menschheitsträume, die Träume des beginnenden 21. Jahrhunderts? Haben Sie sich schon einmal Gedanken darüber gemacht, wohin sich unsere Welt entwickeln kann oder soll? Glauben Sie überhaupt, dass es so etwas wie eine Entwicklung gibt? Es wäre schön, denn nur wenn wir Träumer haben, die eine Vision für unsere Gesellschaft haben, können wir mit den anstehenden Problemen fertig werden. Momentan leiden zwar fast alle großen Bewegungen an Visionslosigkeit, trotzdem gibt es in allen Menschen die Sehnsucht nach dem Paradies, nach einer Gesellschaft ohne Angst, Hass, Gewalt und Leid. Allerdings gibt es ganz verschiedene Ansätze, wie das mit mehr oder minder großen Opfern erreicht werden kann. Letztlich geht es bei dieser Frage auch um die politische und gesellschaftliche Verantwortung der Christen für diese Welt. So sehr es auch unser Ziel sein muss, Gott in die Mitte zu stellen, so sehr sind wir herausgefordert, das nicht aus einem kirchlichen Ghetto heraus zu tun. Nur als Menschen, die mitten in der Welt stehen und die dort ihr Leben mit Gott »ansteckend« und für andere relevant gestalten, werden wir unserem Auftrag als Christen gerecht. Was ist also Ihr Traum für diese Welt?

Josef war von Anfang an ein faszinierender Träumer, dessen Visionen weit über seine Person hinausgingen. Wie wir bereits gesehen haben, träumte er mitten in der Pubertät mit kaum erkennbarem Flaum über seinen Lippen davon, einmal über seine Familie zu herrschen. Nun, seine Brüder waren gnädig mit ihrem Träumer, töteten ihn nicht, sondern verkauften ihn »nur« als Sklaven nach Ägypten. Welche Ironie des Schicksals: Der Josef, der sich schon als König sah, fand sich auf dem stinkenden Sklavenmarkt in Ägypten wieder. Für viele »Realisten« wäre dies Grund genug, ihre Träume einzupacken und sich schmollend in eine Ecke zurückzuziehen, bestenfalls aber der Realität ins Auge zu schauen und ihr Leben mehr schlecht als recht als Sklave zu fristen. Aber Josef lässt sich offensichtlich nicht kleinkriegen; immer noch scheint ihm sein Traum eine außergewöhnliche Kraft zu verleihen. Sicher tat er genau die gleiche Arbeit wie alle anderen Sklaven in Ägypten auch, aber hätte man ihn gefragt, was er tat, hätte er wahrscheinlich geantwortet – während er die Klobürste in seiner Rechten als Zepter schwang: »Ich bereite mich darauf vor, meinem Volk als König zu dienen.« Schauen Sie von der Klobürste weg in seine leuchtenden Augen und Sie sehen sofort den Unterschied.

Letztlich hängt alles in diesem Leben an unseren Träumen. Wahre Vielfalt aber erfahren wir da, wo wir uns die verschiedenen Dimensionen des Träumens immer wieder bewusst machen: unsere eigenen Träume, die Träume anderer und das Eingebundensein in die Träume der Menschheit.

Schauen Sie von der Klobürste weg in seine leuchtenden Augen und Sie sehen sofort den Unterschied.

Wie leben Sie? Was motiviert Ihren Alltag? Es lohnt sich, sich diesen Fragen regelmäßig auszusetzen. Denken Sie immer daran: Es geht um die Perspektive und den Hintergrund der Dinge, die wir tun. Bei dem Gleichnis von den drei Arbeitern (im vorigen Kapitel) ist ja deutlich geworden, dass nicht die reale Tätigkeit, sondern der Lebenshorizont jeder Tätigkeit entscheidend ist. (Was letztlich auch Einfluss auf die konkreten Zusammenhänge haben wird, denn was glauben Sie, welcher der drei Arbeiter als erster für eine Beförderung zum Polier vorgeschlagen wird? Wenn die Vorgesetzten nur einen Hauch Verstand haben, werden Sie den Dombauer und keinen anderen nehmen.) Aber fragen Sie sich bitte selbst: Arbeiten Sie vor allem deshalb in Ihrem Job, weil Sie nichts Besseres gefunden haben? Arbeiten Sie, weil nun mal irgendjemand in der Familie das Geld herbeischaffen muss? Oder sind Sie sich bei allem bewusst, dass das Produkt, an dem Sie arbeiten, den Menschen dient? Sind Sie nur deshalb Hausfrau, weil Sie eben eine Frau sind, die in einem Haus wohnt? Oder weil einer diesen Job mit der Hausarbeit ja tun muss und Ihr Mann nun einmal besser verdient? Oder sind Sie dadurch motiviert, dass Sie durch die Erziehung Ihrer Kinder das Gesicht der Welt von morgen mit prägen und die Zukunft unserer Gesellschaft aktiv gestalten? Putzen Sie die Toiletten der Gemeinde, weil es sonst ja keiner tut? Weil jeder auch mal unangenehme Arbeiten in dieser Gemeinde übernehmen muss? Oder weil Sie auf jeden Fall Ihren Teil dazu beitragen wollen, dass diese Gemeinde tatsächlich ein Ort wird, an dem sich Menschen wohl fühlen, an dem sie inspiriert und mit Gott bekannt gemacht werden können; eine Gemeinde, die auf allen Gebieten eine Vorbildgemeinde wird. An dem Job selbst ändert sich nichts, aber Sie merken sofort den riesengroßen Unterschied, nicht wahr?

Immer seinen Traum vor Augen, steigt Josef zum Chefsklaven auf. Auch deshalb, weil gute Führungskräfte ein Gespür dafür haben, wer nicht nur seine Ausbildung und Talente mitbringt, sondern mit seinen Träumen die Zukunft gestalten will. Dass Josef etwas Besonderes hatte, fand Anklang bei Potifar. Aber es war etwas, das auch seiner schönen Herrin sehr gut gefiel – zu sehr gefiel, so sehr gefiel, dass Josef tief fiel. Nicht in ihre Arme – wie von ihr ersehnt –, sondern nach der Demütigung einer Abfuhr, die er seiner Herrin erteilte, so tief, dass er kaum tiefer fallen konnte. Der »König in spe« findet sich im Dreckloch wieder, im Gefängnis. Wenn Sie heute damit anfangen, Ihren Traum zu leben, seien Sie auch immer bereit, zwischendurch einmal so einen Fall zu erleben. Aber muss das dann gleich die Endstation sein? Spätestens hier wäre für viele von uns der Traum aus gewesen, aber Josef träumt nicht nur vom Leben, er lebt seinen Traum. Als er zum Chefgefangenen aufsteigt, der für das Wohl adliger Inhaftierter verantwortlich ist, sind bereits elf Jahre seit Beginn seines Traumes vergangen. Elf Jahre mit einigen Höhepunkten, aber auch ganz realen Tiefpunkten. Der, der von der Herrschaft träumt, arbeitet als Diener im Gefängnis. Der amerikanische Traum lautete lange: »Vom Tellerwäscher zum Millionär«. Und viele von denen, die aus Europa ins Land der unbegrenzten Möglichkeiten zogen, haben viele Jahre lang mit den miesesten Jobs ihr Dasein gefristet. Einige aber dachten bei jedem Teller an ihren Traum. Und wir sind sicher, dass auch nur die Träumer es tatsächlich zum Millionär gebracht haben. Man benötigt einen großen Traum, um elf Jahre voller Rückschläge durchzuhalten. Das ist eine lange Zeit – für viele von uns bestimmt viel zu lange, um an ihrem Traum dranzubleiben. *Aber das ist eines der Kennzeichen von echten Träumern, egal, wie tief sie fallen, sie stehen wieder auf und schauen hoch. Und egal, wie die Umstände um sie herum sind, sie leben ihren Traum.*

So leuchtete bald schon ein Hoffnungsschimmer für unseren Josef auf. Gott half ihm ja, die Träume des Mundschenks und des Bäckers richtig zu deuten, woraufhin ihm ersterer versprach, sobald er wieder im Amt sei, an ihn zu denken und alles für seine Befreiung zu tun. Man kann sich vorstellen, wie der Traum in Josef wieder zu pulsieren begann: Jetzt endlich geht es wieder los. Das Problem war nur: Der Mundschenk vergaß einfach diesen hebräischen Sklaven, der ihm geholfen hatte. Und so musste Josef wieder lange Zeit warten. Wenn man die Geschichte heute liest, macht man sich wohl kaum bewusst, wie lange ein Tag in einem Gefängnisloch dieser Zeit wohl gewesen sein musste, von den damaligen Behandlungsformen, Hygienevorstellungen und Menschenrechten ganz zu schweigen. Das war schlimmstes Elend, nichts anderes. Zwei lange Jahre, 730 Tage, 17 520 Stunden lang wartete Josef vergeblich auf seine

Zwei lange Jahre, 730 Tage, 17 520 Stunden lang wartete Josef vergeblich auf seine Erlösung.

Erlösung – dabei hatte der Mundschenk ihm doch hoch und heilig versprochen, an ihn zu denken. Und was passiert? Nichts! Wie reagiert Josef? Mit Resignation? Keine Spur davon. Josef hatte genug zu tun, seinen Traum zu leben – wie gesagt, egal, unter welchen äußeren Bedingungen. Hier beginnt nun unsere Geschichte. (Lesen Sie jetzt bitte noch einmal den Text!)

Geschafft! Nach 13 Jahren Lebenstraining ist Josef nicht nur König über seine Familie geworden. Denn Sie wissen ja sicher, wie es weiterging. Der Pharao erkannte sofort, dass dieser Mann aus dem Gefängnis richtig gedeutet hatte. Er musste keine Rückfragen stellen. Er wurde überwältigt von der Erkenntnis: Dieser junge Hebräer hat meinen Traum wirklich verstanden. Übrigens auch ein ganz entscheidendes Kriterium für den Umgang mit den Träumen anderer. Ein Träumer wird fast immer intuitiv erkennen – ganz gleich, ob die Deutung gut oder schlecht war –, ob der andere sich irrt oder nicht. Wenn es etwas gibt, das ein Visionär an seinem eigenen Traum nicht versteht, dann wird er nach dem Kommentar seines Gegenübers sofort merken, ob er dem Kern seiner Vision dadurch näher gekommen ist oder nicht. So ging es auch dem Pharao. Alle bedeutenden Traumdeuter, Ärzte und Philosophen hatten bereits versucht, die Bilder ihres Herrschers zu interpretieren. Aber bei jeder Erklärung hatte der Pharao gespürt: Das ist es nicht. Ich weiß nicht, was mein Traum meint, aber ich weiß: Das meint er nicht. Bei Josef aber erkennt der Verzweifelte sofort: Diese Deutung ist richtig. Kein Zweifel mehr. Jetzt weiß ich, was mir meine Träume sagen wollten. Ich muss keine Rückfrage stellen. Das ist es, was ich tief in mir auch schon ahnte, aber nicht erklären konnte.

Und es wird auch sofort klar, welche politischen Folgen diese Träume hatten: Wenn auf sieben fruchtbare

Jahre sieben dürre Jahre folgen, dann muss man während der Zeiten des Überflusses sparsam sein, sich zurückhalten und sorgsam verwalten, damit man genügend Vorräte für die Hungerzeiten hat. Und der Pharao erkennt, dass Josef der richtige Mann für diese Aufgabe ist. Bei Träumen kommen manche Erkenntnisse mit einer solchen Klarheit und Deutlichkeit, dass man plötzlich genau weiß, was man machen muss. Der Pharao zieht diesen unbekannten Mann all seinen Hofbeamten und Ministern vor, die – das wissen wir aus alten Urkunden – sehr gut organisiert waren. Und Josef erfüllt in den darauf folgenden Jahren seine Aufgabe mit Bravour. Er organisiert als rechte Hand des Pharao nicht nur die Lebensmittelverwaltung, er sorgt auch dafür, dass nach sieben Jahren, als die Dürre kommt, neben den Ägyptern viele andere Völker vor dem Verhungern gerettet werden können – auch das seine, die Israeliten. Nebenbei war Josef sehr geschäftstüchtig, denn die meisten der Anrainerstämme bezahlten die Lebensmittel mit Land, so dass sich die Fläche Ägyptens während der schlechten Jahre um einiges vergrößerte.

Und als eines Tages die Brüder vor Josef stehen, die ihn damals als Sklaven verkauften, ist in ihm auch nicht eine Spur von Hass. Er hat längst erkannt, dass sein Leiden notwendig war, damit er in diese einflussreiche Position kommen konnte. Und als Jakob mit seiner ganzen Familie nach Ägypten gekommen war und dort starb, bekamen es die Brüder noch einmal mit der Angst zu tun, weil sie glaubten, Josef habe sie nur um des Vaters willen verschont. Und da erst konnte der hitzköpfige Aufsteiger seinen Geschwistern wirklich verdeutlichen, warum ein Traum manchmal die Kategorien von Gut und Böse außer Kraft setzt. Er sagt einen der schönsten und bedeutendsten Sätze des Alten Testaments: »Fürchtet euch nicht! Stehe ich denn an Gottes statt? Ihr gedachtet, es böse mit mir zu machen, aber Gott gedachte, es gut zu machen.« Ein Lebenstraum von Gott ist größer als wir, er ist Ziel und Weg. Josefs Traum von einer Herrschaftsposition wurde von der Realität sogar weit übertroffen. Er brachte es zum zweitmächtigsten Mann seiner Zeit.

Ihr gedachtet, es böse mit mir zu machen, aber Gott gedachte, es gut zu machen.

Und wieder sprudelt unser Text nahezu über vor Lebensweisheiten, Lehren, von denen wir Amateurträumer einiges lernen können. Zwei Lehren für uns persönlich und zwei Lehren für unseren Umgang mit Menschheitsträumen wollen wir herausgreifen.

1. Wartezeiten sind keine Ruhezeiten

Jeder Traum hat seine Zeit. Wir haben bei Josef gesehen, dass er erst lange reifen musste, ehe er in der Lage war, seinen Traum zu leben. Wäre der siebzehnjährige Aufschneider und diplomatisch wahrlich noch nicht sehr versierte Jüngling zum Pharao gekommen, hätte man ihm die Stelle als rechte Hand des Herrschers sicher nicht angeboten. Manche Träume brauchen eben eine bestimmte Erfahrung und Reife. Darum sind Wartezeiten keine Ruhezeiten, sie sind dafür da, uns auf die Realisierung unseres Traumes vorzubereiten. Wenn Sie gerade eine Phase erleben, in der Sie sich voller Elan auf Ihren Traum stürzen möchten und zugleich fühlen, dass Sie jetzt wahrscheinlich gar keinen Durchbruch schaffen werden, dann überlegen Sie einfach mal, welche Ihrer Eigenschaften bereits vorbereitet sind und welche noch nicht. Selbst wenn sich über Jahre nichts an Ihrem Traum tut, werden Sie eine solche Zeit mit einer Vision anders erleben als ohne. Weil Josef seinen Traum hatte, war er auch innerlich offen, dafür reif zu werden. Hätte er keinen Traum gehabt, hätte er sich mit aller Wahrscheinlichkeit auch nicht so entwickelt.

Sehen Sie deshalb die Wartezeiten nicht als verlorene Zeit an. Wenn Sie einen Traum haben, dann wird er in Ihnen arbeiten und Sie – vielleicht ganz unmerklich – zu seiner Verwirklichung befähigen. Darum ist das Träumen gerade in den Momenten, in denen sich scheinbar nichts tut, so ungeheuer wichtig. Geben Sie Ihren Traum nie auf, egal, wie lang Ihre Warteschleife ist und wie oft sich die Warteschleife wiederholt, sondern machen Sie das Beste daraus. Leben Sie in Ihrer Warteschleife Ihren Traum. Natürlich gehört dazu immer eine kritische Wahrnehmung des eigenen »Traumpotenzials«. Man kann sich nämlich in Ruhephasen so behaglich einrichten, dass man auch dann nicht aktiv wird, wenn wieder konkrete Schritte gefragt sind. In der Regel werden Sie aber sehr deutlich erkennen, wann Ihre Zeit gekommen ist. Und bis dahin brauchen Sie Geduld, Vertrauen und viel Kraft. Sehen Sie das Ausharren als Trainingslager für das echte Spiel an. Josef hatte immerhin drei Warteschleifen, die ihn im wahrsten Sinne des Wortes schliffen. Die Zeit als Sklave, der Aufenthalt als Gefangener und dann noch zwei Jahre, in denen der Mundschenk ihn schlicht vergaß. Machen Sie sich das eine bitte klar: Ein Träumer zeichnet sich dadurch aus, dass er immer aufsteht, egal, wie tief er fällt, und dass er sofort wieder hochschaut, ins Licht, in die Zukunft. Er lebt seinen Traum unabhängig von den Umständen, die sein Leben begleiten.

Josef hatte immerhin drei Warteschleifen, die ihn schliffen.

2. Wir sind dazu berufen, »Opti-Realisten« zu sein

Was prägt unser Dasein als Christinnen und Christen? Zukunft oder Hoffnungslosigkeit? Können wir darauf vertrauen, dass Gott es gut mit uns meint, oder lassen wir uns von einem depressiven Lebensgefühl mitreißen? Das Verhalten Josefs in unserem Text verrät viel über einen harmonischen Umgang mit dem Leben. Was wäre denn Ihre Reaktion auf die seltsamen und bedrohlichen Träume des Pharao gewesen? Hätten Sie zuerst auf die sieben fetten Kühe geschaut oder auf die sieben dürren Kühe? Was ist Ihnen beim ersten Hinsehen näher: die sieben erfolgreichen Jahre, in denen alles blühen oder gedeihen wird, oder aber die sieben Hungerjahre, die alles, aber auch alles vernichten werden? An uns, an unserer Reaktion hängt es, ob ein solcher Traum uns lähmt oder motiviert. Verstehen Sie jetzt, warum Träumer so wichtig sind für die Welt? Weil sie dafür sorgen, dass die Menschheit nicht ent-, sondern *er*mutigt wird. *Jedesmal, wenn uns die Zukunft ein Stück weit eröffnet wird, haben wir die Wahl: Versinken wir in Hoffnungslosigkeit oder starten wir in die Zukunft?* Josef hätte ja auch ängstlich und deprimiert auf die sieben grausamen Jahre der Hungersnot starren und weinend zu Boden sinken können. Das ist schließlich ein katastrophaler Gedanke. Stellen Sie sich vor, Sie wüssten jetzt schon, dass das Haus, das Sie sich gerade bauen wollen, für sieben Jahre auf Grund billiger Kredite und günstiger Baukosten wirklich ein wunderbares, luxuriöses Heim für Sie sein wird, dass es aber danach durch ein Erdbeben zerstört werden wird. Würden Sie es trotzdem bauen oder würden Sie resignieren? Wenn man von vornherein weiß, dass die Arbeit von sieben Jahren buchstäblich aufgefressen wird, hat man allen Grund, lebensmüde zu werden. Liegt es dann nicht nahe, auf diese sieben ma-

Menschen, die nur für sich und die Gegenwart leben, geben schnell auf. Träumer, die aus der Zukunft leben, denken an und für Morgen.

geren Kühe zu starren und zu verzweifeln? Menschen, die nur für sich und die Gegenwart leben, geben schnell auf. Träumer, die aus der Zukunft leben, denken an und für morgen.

Wir reden hier übrigens nicht nur über fiktive Zustände. Wenn wir unsere momentane Weltsituation anschauen, dann haben wir allen Grund, mutlos zu sein. Die sieben mageren Kühe sind doch fast sinnbildlich eine Beschreibung dessen, was wir in unserer Gesellschaft vorfinden. Wir erleben doch ständig, wie das Magere das Fettgewordene wieder auffrisst. Da strengen wir uns nach der Klimakonferenz in Rio ein wenig mehr an, den Kohlendioxyd-Ausstoß um einige Prozentpunkte zu verringern, sehen erste, klitzekleine Erfolge und dann verbrennt der Regenwald in Indonesien und setzt mehr Kohlendioxyd frei, als wir überhaupt messen können. Von den unüberschaubaren Auswirkungen auf unser Klima ganz zu schweigen. Da wird uns nach 40 Jahren die Wiedervereinigung geschenkt und ein Befreiungsprozess begonnen, der scheinbar den ganzen Osten erfasst. Wir jubelten über die versprochenen blühenden Landschaften. Zarte Hoffnung auf ein Ende der Völkerfeindschaften keimte auf und wurde bald wieder vom Bürgerkrieg und sozialem Unfrieden erstickt. Aber auch im Kleinen können wir solche Entwicklungen beobachten: Da arbeiten Sie fleißig in Ihrer Firma, engagieren sich über alle Maßen, schieben Überstunden ohne Ende, damit es der Firma wieder besser geht – und dann meldet sie Konkurs an. All Ihre Mühe war umsonst.

Wie sollen wir mit solchen Erfahrungen umgehen? Josef zeigt es sehr schön. Er ist einer der ersten »Opti-

Realisten« der Geschichte, einer, der die Wirklichkeit nicht verleugnet, aber mit einer produktiven und hoffnungsvollen Lebenseinstellung die Probleme angeht. Leider finden wir allzu oft nur die Extreme vor: hemmungslose Optimisten, für die alles Friede, Freude, Eierkuchen ist, oder knallharte Realisten, die der Hoffnungsfaktor eben nicht motiviert, vertrauensvoll die Probleme des Lebens anzugehen. Josef zeigt, dass es sehr wohl möglich ist, sich voller Elan ans Werk zu machen, ohne die nüchternen Tatsachen zu ignorieren. Er sagte: »Wir müssen den Tatsachen ins Auge sehen. Die sieben abgemagerten Kühe, die Hungersnot, kommen so oder so. Und es ist ebenso sinnlos, das Unvermeidliche verdrängen oder verleugnen zu wollen, wie deshalb in Panik oder Verzweiflung zu verfallen. Wir müssen versuchen, das Beste daraus zu machen. Und ist es nicht super, dass jetzt erst mal sieben fette Jahre voller Überfluss kommen? Was ist das für eine Chance! Wir müssen zwar in den Jahren, in denen uns alles geschenkt wird, so sparen, als hätten wir nur ganz wenig – was sicher einige verwundern wird –, aber dafür treffen uns dann die mageren Jahre nicht unvorbereitet. Lasst uns also alles tun, um auf die Hungersnot vorbereitet zu sein.« Josef nimmt die Herausforderung an und gestaltet die Zukunft und bewahrt seine Umwelt dadurch vor einer todsicheren Katastrophe.

Josef denkt nicht einen Augenblick daran zu jammern. Er nimmt die Dinge einfach in die Hand. Er lässt sich von Schwierigkeiten nicht abschrecken, sondern herausfordern. Das ist eines seiner großen Geheimnisse – und ein Geheimnis jeden großen Träumers. Es gibt in unserer Gesellschaft viel zu viele Menschen, die immer noch nicht verstanden haben, dass es sinnlos ist, einer zerbrochenen Vase nachzuweinen. Kaputt ist kaputt. Dinge, die nicht in meiner Hand liegen oder sich nicht wiederherstellen lassen, sind nicht eine Träne wert. Natürlich darf man traurig sein, wenn etwas Wertvolles zerspringt, aber es gibt eben den Moment, in dem man erkennen muss, wann die Trauer abgeschlossen werden kann und wann sie in lähmendes Selbstmitleid übergeht. Ein Träumer lebt aus dem, was kommt. Und wir haben immer die Wahl: Schauen wir wie gelähmt auf die bedrückenden Umstände um uns herum oder sehen wir die Chancen, die uns geboten werden, um uns die Zukunft zu eröffnen?

Wir denken, dass wir als Christinnen und Christen gar keine andere Wahl haben, als Opti-Realisten zu sein. Pessimistische Christen sind ein Widerspruch in sich. Wer nicht daran glauben kann, dass Gottes Liebe stärker ist als alles Leid der Welt, wird es schwer haben, die befreiende Kraft des Glaubens zu erfahren. Und auch der bei uns so kultivierte Realismus hat mit dem christlichen Glauben wenig gemein. Entweder kann Glaube Berge versetzen und gerade da Unglaubliches schaffen, wo menschliche Maßstäbe längst an ihr Ende gekommen sind – oder er kann es nicht. Der Realismus rechnet nicht (mehr) mit Gott. Er kennt keinen gnädigen Vater, dessen Möglichkeiten die unseren bei weitem übersteigen und der ein Interesse hat, sich als mächtiger Gott hier und heute zu erweisen. Aber genauso wenig ist das Christentum ein der Realität enthobener »Wolkenkuckucksheim-Optimismus«. Deswegen dieser neue Begriff: *Opti-Realist – ein in der Wirklichkeit – im Realen – behafteter Optimist.* Vielleicht ist das beste Bild hierfür der Bauer, der im Herbst einen guten Teil seiner Ernte wieder aussät, in der Hoffnung, dass die Saat im Frühjahr aufgehen wird. Hat er eine

Pessimistische Christen sind ein Widerspruch in sich.

Garantie, dass die Saat aufgehen wird? Nein, aber er weiß, dass er nur dann im nächsten Jahr etwas ernten wird, wenn er voller Hoffnung sät.

3. Wir Christen haben den Auftrag, Menschheitsträume zu deuten und Lösungen vorzuschlagen

Sind Sie eigentlich auch so fasziniert von Josefs Mut? Die wenigsten von uns sind Traumdeuter und doch spürt jeder, der den Traum des Pharao hört, dass es darin nicht um eine angenehme Zukunft geht. Es ist ein Alptraum und er kündigt eine schlimme Zukunft an. Wehe dem, der dem Pharao diese Nachricht bringen muss. Vielleicht war das der eigentliche Grund, warum die vielen professionellen Traumdeuter des Pharaos versagten. Sie hatten Angst vor der Wahrheit. Sie fürchteten sich, ihrem Herrscher ins Gesicht zu sagen, dass sein Land von einer schweren Katastrophe heimgesucht werden würde. Übrigens ein in der Bibel immer wieder erwähntes Phänomen: Angestellte Propheten scheuten sich, die Wahrheit zu sagen, wenn das für sie mit persönlichen Nachteilen verbunden war. Und was sagt Josef? »Ich kann keine Träume deuten, das kann nur Gott. Aber er wird dem Pharao gewiss Gutes ankündigen.« Hören Sie den Opti-Realisten sprechen? Gott wird *gewiss* und dann auch *nur Gutes* ankündigen. Faszinierend. Wissen Sie, warum Josef wusste, dass dieser Traum nur Gutes bedeuten kann? Ganz einfach, weil er von Gott kam. Und von Gott wird niemals etwas kommen, das den Menschen aus Bösartigkeit oder Zerstörungswut schaden könnte. Gott liebt die Menschen. Darum ist seine Hauptbotschaft: »Fürchte dich nicht!« Natürlich ist der Inhalt der Pharao-Träume schlecht, sein eigentlicher Zweck aber ist eine Warnung, er will nicht lähmen, er eröffnet

Zukunft. Wenn ich einen Menschen vor einem Loch im Boden warne, wäre es schon sehr verwunderlich, wenn er, anstatt sich über die Warnung zu freuen, sich über sie aufregen würde. Aber seltsamerweise neigen Menschen sehr dazu, die schlechten Aspekte immer über die guten zu stellen. Josef sorgt schon vor seiner Deutung für die richtige Atmosphäre, in dem er dem Pharao klar macht, dass ein Traum, der von Gott kommt, letztlich immer etwas Gutes zur Folge haben wird (Wenn man ihn denn beachtet.).

Aber seltsamerweise neigen Menschen sehr dazu, die schlechten Aspekte immer über die guten zu stellen.

Und weil Josef für die richtige Stimmung gesorgt hat, kann er es sich dann auch erlauben, frech zu werden. Denn anders kann man sein Verhalten gar nicht nennen. Stellen Sie sich das bitte einmal bildhaft vor. Da bekommt ein dahergelaufener Gefangener die Gunst, den Traum des »Gottmenschen Pharao« zu deuten, und was tut er? Er überspringt eloquent seinen Kompetenzbereich. Er deutet nicht nur den Traum, sondern nimmt sich dann wie selbstverständlich heraus, den Herrscher der damaligen Welt mit seinem Rat zu beglücken. »Darum rate ich dem Pharao …« Keiner hatte ihn nach seiner Meinung gefragt. Das unaufgeforderte Ansprechen eines Herrschers kam im Orient einer Beleidigung gleich. Können Sie sich vorstellen, wie dem ganzen Hofstaat die Kinnlade herunterfiel und der Atem stockte? Wer ist dieser dahergelaufene Niemand, dass er so etwas wagt? Der Pharao hat doch seine weisen Ratgeber, die ihm sagen, wie er mit der eben angekündigten Situation umgehen soll. Was nimmt sich dieser dreißigjährige Jungspund nur heraus? Damit nicht genug. Zwischen den Zeilen bietet sich Josef ja selbst schon als

Retter an. Oder kann man diesen Satz anders verstehen als einen Wink mit dem ganzen Zaun: »Darum rate ich dem Pharao, einen klugen, einsichtigen Mann zu suchen und ihm Vollmacht über ganz Ägypten zu geben.« Zu deutsch: »Hier stehe ich, ich kann nicht anders, nimm mich!« Josef weiß, dass jetzt seine Zeit gekommen ist: Ohne Grube kein Ägypten, ohne Ägypten keine Frau des Potifar, ohne Frau des Potifar kein Gefängnis, ohne Gefängnis kein Mundschenk und ohne Mundschenk kein Pharao. Josefs Irrweg, der im Rückblick so logisch und klar erscheint und auf dem er zu einem Träumer herangewachsen ist, der bereit ist, seinen Traum zu leben, hat ein Ende. Und weil er das weiß – so wie es jeder wissen wird, der an diesen Punkt kommt, kann er auch voller Selbstbewusstsein sein Anliegen vortragen. *So viel Frechheit muss belohnt werden*, dachte der Pharao, und setzte ihn als Co-Pharao ein. Eine Bilderbuchkarriere beginnt.

Wenn wir das so hören, dann haben wir in der Regel nur ein Problem. Josef ist schon lange tot und wir sind nicht ganz sicher, ob sein Gott nicht auch in die Jahre gekommen ist. Aber: *Träumen heißt, mit dem Wirken Gottes rechnen.* Und das meint: mit allen Konsequenzen. Wir erleben allzu häufig Gemeinden und Gläubige, die zwar grundsätzlich von Gottes Existenz überzeugt sind, die sich aber, wenn es konkret wird, gar keine Gedanken darüber machen, ob er auch heute noch lebendig unter uns wirkt. Glauben ist nicht denkbar ohne die Gewissheit, dass Gott in dieser Welt mit seiner Macht erfahrbar ist. Und wenn er das ist, dann kann er Dinge vollbringen, die weit über unseren Hori-

Josef ist schon lange tot und wir sind nicht ganz sicher, ob sein Gott nicht auch in die Jahre gekommen ist.

zont gehen. Könnte es sein, dass wir bisweilen so wenig von Gottes Handeln spüren, weil wir ihm das gar nicht mehr zutrauen und deshalb auch nicht wirklich damit rechnen? Wenn Sie träumen lernen wollen, dann üben Sie immer auch ein bisschen, sich vorzustellen, welche herrlichen Dinge Gott tun kann. Aber bitte nicht in irgendwelchen abstrakten Zusammenhängen, sondern ganz konkret. Können Sie zum Beispiel glauben, dass Gott heute noch durch Träume zu Helmut Kohl oder Gerhard Schröder sprechen kann? Dass ein engagierter Christ diese Träume deuten und uns aus dem visionslosen Stillstand der Gesellschaft befreien kann, den Roman Herzog in seiner Berliner Rede beschwor? Dass er dann als Superminister eingesetzt würde, um das Land vor dieser inneren Hungersnot, diesem Visionsnotstand zu erretten? Glauben Sie das? Wir denken, dass der Engpass weniger mit Gott als mit uns Christen zu tun hat. Gott ist der Gleiche geblieben – aber unsere Gemeinden bringen keine Josefs mehr hervor. Damit kommen wir zum letzten Punkt: Was ist der Auftrag unserer Gemeinde und der Kirche allgemein im Umgang mit Menschheitsträumen?

Gott ist der gleiche geblieben – aber unsere Gemeinden bringen keine Josefs mehr hervor.

4. »Die Kirche hat nicht den Auftrag, die Welt zu verändern. Wenn sie aber ihren Auftrag erfüllt, verändert sich die Welt.«

Dieser Satz stammt von Carl Friedrich von Weizsäcker. Um ihn zu verstehen, müssen wir uns aber erst einmal über einiges klar werden: Was ist der Auftrag der Kirche? Und was ist unser Auftrag? Können Sie das für sich, für Ihre Gemeinde, für die Kirche und für die weltweite Christenheit formulieren? *Träumen heißt, sich über Ziele klar werden.* Und da, wo wir lernen, unsere Ziele in für jedermann verständliche Worte zu fassen, haben wir auch die Möglichkeit, sie umzusetzen.

Bevor wir in unserer Gemeinde mit dem Veränderungsprozess beginnen konnten, mussten wir lange und intensiv nachdenken, was wir eigentlich wollen. Vorher wäre jeder Erneuerungsprozess zum Scheitern verurteilt gewesen. Was bei diesen Überlegungen herausgekommen ist, haben wir mit fünf klar definierten Zielen ausgedrückt. Hier eine Kurzfassung (sie sind ausführlich in unserem Buch »Ein Traum von Kirche« dargestellt.): Wir wollen alles tun, damit Menschen Gott kennen lernen, damit sie in Gemeinschaft miteinander leben können; damit sie im Glauben wachsen und damit sie so zugerüstet werden, dass sie für andere da sein können – um anderen Menschen und der Gesellschaft zu dienen. Und das alles soll erwachsen und motiviert werden und münden in einer immer tiefer werdenden Liebe zu Gott. Das ist es! Das halten wir für Gottes Auftrag für die Gemeinde. Das ist unser Job. Natürlich gibt es dann zu jedem Grobziel viele kleine messbare und umsetzbare Ziele, an denen wir arbeiten. Und wir spüren es jetzt schon: Nicht nur die Kirche, die *Welt* wird sich verändern, wenn immer mehr Menschen Gott als ihren Schöpfer und den Ursprung allen Lebens persönlich kennen und lieben lernen! Wenn sie wieder gemeinschaftsfähig werden und in einer liebenden Gemeinschaft geborgen sind, die füreinander einsteht und jeden stehen lässt, so wie er ist, ohne ihm Bedingungen zu stellen. Wenn Menschen die Möglichkeit bekommen, ihr geistliches Potenzial voll zu entfalten und selbständige, mündige, standhafte Christenmenschen werden, die vor Gott und der Welt ihre Frau oder ihren Mann stehen. Wenn sie tiefe Erfüllung finden, indem sie ihre Gaben und Talente zum Dienst am Nächsten, an den Vernachlässigten und Schwachen unserer Gesellschaft und der Welt einsetzen. Und wenn sie sich wöchentlich treffen, um gemeinsam ihren Gott zu feiern – der die vollkommene Liebe ist –, ihn anzubeten und von ihm Kraft und Motivation für ihren Alltag zu bekommen.

Wenn das auch in Ihrer Gemeinde geschieht (vielleicht formulieren Sie es anders, aber es wird auf die gleichen biblischen Grundlagen hinauslaufen), wenn Sie das wirklich überzeugt und Sie es mit einer fröhlichen Selbstverständlichkeit leben, dann wird sich nicht nur das Gesicht Ihrer Kirche verändern, dann wird ein neuer Geist ausgehen auf Ihre Stadt und Ihre Region. Dann werden Ihr Leben und Ihre Gemeinschaft ein Hoffnungsschein werden für unser Land und Würze für die Gesellschaft, und dann werden überall neue Josefs zugerüstet werden, die anfangen, Menschheitsträume zu träumen, zu deuten und umzusetzen, um die Gesellschaft zu retten. Dann wird die Kirche, dann werden wir Christen wieder das, wozu Jesus uns berufen hat: Licht für die Welt und Salz für die Gesellschaft zu sein. Das ist unser Traum!

Dann werden Ihr Leben und Ihre Gemeinschaft ein Hoffnungsschein werden für unser Land und Würze für die Gesellschaft.

Kapitel 4

Paradies oder Prüfung?

Vom Umgang mit den Träumen Gottes

In diesem Kapitel lesen Sie, wie Gott sich eine traumhaft schöne Welt vorstellt. Wir können nicht erfolgreich träumen, ohne zu sehen, wie unsere verständlicherweise sehr persönlichen Träume in das wachsende Reich Gottes passen. Denn dort kommen sie an ihr Ziel. Und wenn wir sein werden »wie die Träumenden«, wie es der Psalmdichter sagt, dann wird die Welt erfüllt von Lachen, Loben und Miteinander. Überall da, wo Träume mächtig werden, nehmen sie Ängste und befreien.

Wenn der Herr die Gefangenen Zions erlösen wird, so werden wir sein wie die Träumenden.

Dann wird unser Mund voll Lachens und unsre Zunge voll Rühmens sein.

Dann wird man sagen unter den Heiden: Der Herr hat Großes an ihnen getan.

Der Herr hat Großes an uns getan; des sind wir fröhlich.

Herr, bringe zurück unsere Gefangenen, wie du die Bäche wiederbringst im Südland.

Die mit Tränen säen, werden mit Freuden ernten.

Sie gehen hin und weinen und streuen ihren Samen und kommen mit Freuden und bringen ihre Garben (Ps 126).

Gottes Träume

Haben Sie eigentlich jemals darüber nachgedacht, ob Gott träumt? Ob er – wie es im Vorwort poetisch ausgemalt wurde – Träume für diese Welt und uns Menschen hat? Wir Christen sind ja bisweilen ungeheuer egozentrisch. Wir denken zwar viel über das Verhältnis von Gott und Mensch nach, aber meist aus unserer Sicht: Wo kann uns der Glaube helfen? Wie sollen wir beten? Wie kann unsere Existenz gelingen? Wie können wir aus dem Glauben leben? Welchen Auftrag hat Gott für uns? Wir fragen selten – wenn wir ehrlich sind, fast nie –, welche Beweggründe und Vorstellungen eigentlich Gott hat. Dabei könnten wir kaum etwas Besseres tun, als einmal ehrlich nach Gottes Willen zu fragen: Nach welchem Glauben sehnt sich Gott? Wie wünscht sich Gott unsere Gebete? Wie sieht für Gott gelingendes Leben aus? Was erwartet Gott von den Menschen? Denn darum geht es doch eigentlich. Wenn Sie sich selbst einmal ein bisschen beobachten, werden Sie auch schnell wahrnehmen, dass man bei Glaubensfragen verständlicherweise immer seine eigenen Interessen in den Mittelpunkt stellt. Der übliche Zugang des Glaubens heißt: Ich suche nach meinem Standpunkt in Bezug auf Gott. Aber was will denn Gott?

Erst wenn wir richtig verstanden haben, was Gott für die Menschen will, werden wir auch erkennen, welche Rolle wir in diesen Träumen spielen.

Es ist kein Zufall, dass das Buch »Gott – eine Biographie« von Jack Miles zum Bestseller wurde. Denn es fragt einfach einmal nach, warum Gott Dinge tut. Es wagt sich frech daran, aus der Art und Weise, wie Gott sich dem Volk Israel offenbart, zu schließen, welchen

Gemütszustand er jeweils hatte. Das mag sehr mutig und theologisch oft fragwürdig sein, es zeigt aber einen wichtigen Perspektivenwechsel. Wir haben oben gesehen, dass man die Träume anderer nur teilen kann, wenn man sie offen und ehrlich wahrnimmt und sich selbst und seine Meinungen erst einmal zurückstellt. Das Gleiche gilt für Gott. Erst wenn wir richtig verstanden haben, was Gott für die Menschen will, werden wir auch erkennen, welche Rolle wir in diesen Träumen spielen. Es geht also um den aufregenden Zusammenhang von Gottes Träumen und unserem Leben. Und wenn Gott so ist, wie ihn Menschen seit Jahrtausenden erfahren, dann kann uns nichts besseres passieren, als dass seine Träume für uns wahr werden.

Können Sie sich überhaupt vorstellen, dass Gott für Sie einen Traum hat, für Sie persönlich? In einer Gesellschaft, in der Selbstverwirklichung und das Vertrauen auf die eigene Kraft weniger als Geschenk denn als Leistung gesehen werden, fällt uns das ja oft nicht leicht. Da, wo wir Zuständigkeiten abgeben sollen, fühlen wir uns sofort bevormundet und gegängelt. Wir sind überzeugt davon, dass wir selbst unseres Glückes Schmied sind. Dabei verdrängen wir mehr oder weniger erfolgreich, dass Schicksalsschläge, Krankheit und Tod uns immer wieder vor Augen führen, wie verletzlich und abhängig jeder Atemzug ist, den wir tun. Wir wollen uns einreden, dass wir es nicht nötig haben, etwas anzunehmen. Und auch unsere Träume wollen wir am liebsten selbst gestalten.

Die Realität sieht aber normalerweise völlig anders aus: Wir werden von so vielen Träumen anderer Menschen gesteuert, dass wir gar nicht anders können, als diese ernüchternde Tatsache zu leugnen. Unsere Eltern träumen sich eine Zukunft für uns, unsere Lehrer, der Pfarrer, der Partner, der Chef, die Kinder usw. Jeder hat einen Traum, in dem wir eine ganz bestimmte Rolle spielen. Unsere Träume sind von unendlich vielen anderen umgeben, die es vielleicht gut mit uns meinen, aber eben nicht unsere Träume sind. Könnte es sein, dass alle diese Dinge belanglos werden, wenn wir Gottes Träume zu unseren machen? Dass zwei kleine, einander widerstreitende Träume sofort wie in einem Puzzlespiel zusammenpassen, wenn wir erst einmal die große Vorlage gesehen haben? Gottes Traum ist niemals schlechter, er ist immer besser und größer als unser eigener Traum. Der falscheste Weg wäre es demnach, Gottes Traum so klein zu machen, dass er in unseren hineinpasst. Es muss genau andersherum funktionieren: Wir müssen lernen, Gottes Traum zu erkennen und unseren Traum so weit auszudehnen, dass wir sehen können, inwieweit sich die beiden decken und wo wir unsere Vision noch korrigieren müssen. Vielleicht kann man es ganz schlicht so zusammenfassen: Unser Traum muss so groß sein, dass Gottes Traum darin Platz findet!

Unser Traum muss so groß sein, dass Gottes Traum darin Platz findet!

Nun könnte man ja eine sehr kritische Frage stellen: Hat Gott überhaupt einen Traum? Oh ja! Davon sind wir überzeugt. Schauen Sie sich diesen Josef an, über dessen Umgang mit Träumen wir jetzt mehrere Kapitel lang nachgedacht haben. Warum inszeniert Gott vor herrlich kitschigen Kulissen diese riesige und herausfordernde Geschichte, in der alles vorkommt, was zu einem guten Roman gehört: Bruderzwist, Sklaverei, Gefahr, Verführung, Gefängnis, Pharao, Aufstieg, Hungersnot und Rettung. Warum macht sich Gott all diese Mühe? Doch nicht aus Zeitvertreib! Weil er etwas vorhat mit seinem Volk. Weil er einen Traum hat! Einen Traum, der für die Geschichte der Menschheit von existenzieller Bedeutung ist. Josefs Traum von der Macht ist in diesem großen Traum Gottes nur ein Puzzleteil, aber ohne dieses kleine Teil hätten wir niemals das ganze Bild sehen können. Ohne dieses Element wäre das Ganze nicht gelungen. Der Traum Josefs erfüllt keinen Selbstzweck. Es geht nicht darum, dass Gott einem schnöseligen Hirtensohn eine Bilderbuchkarriere ermöglichen will. Jedenfalls nicht, ohne dass er dabei in viel größeren Zusammenhängen denken würde. Gott hat einen Plan: Josef muss nach Ägypten, damit er dafür sorgen kann, dass seine Familie genug zu Essen hat und nicht verhungert, als auch in Israel die Dürre alle Vorräte aufbraucht. Und er muss seinen Vater nach Ägypten bringen, damit später die Israeliten die Erfahrung machen können, dass sie bei der Heimkehr nach Israel von Gott beim Durchzug durch das Rote Meer und in der Wüste bewahrt werden. Ohne den Traum, den ein Siebzehnjähriger unbedacht seinen eifersüchtigen Brüdern erzählt, wäre es nicht zum Auszug aus Ägypten gekommen, diesem fantastischen Urerlebnis des Volkes, das Grundlage allen Glaubens ist: Gott befreit, Gott begleitet, Gott rettet. Aber Gott konnte das alles nur tun, weil er durch Josef die richtigen Rahmenbedingungen geschaffen hatte. So zielgerichtet handelt nur jemand, der einen sehr großen Traum hat.

Die Bibel erzählt in immer neuen Zusammenhängen die Geschichte davon, wie einzelne Menschen und Gruppen sich für oder gegen diesen Traum entschieden haben.

Ja – die ganze Bibel ist nichts anderes als ein einziger Schrei Gottes: Ich habe einen Traum für euch! Und sie erzählt in immer neuen Zusammenhängen die Geschichte davon, wie einzelne Menschen und Gruppen sich für oder gegen diesen

Traum entschieden haben. Gottes Vision ist eine Welt, in der jeder Mensch über kurz oder lang erkennt, dass er seine Unzulänglichkeit getrost in Gottes Hände legen kann. Dass er sein ewiges und zermürbendes Streben nach Anerkennung und Gewinn nicht nötig hat, weil er von Gott mit einer Liebe beschenkt wird, die alles Selbsterarbeitete wertlos werden lässt. Dass er seine Ängste ablegen und in Gottes Armen Hoffnung tanken kann, um so wirklich lebensfähig zu werden. In Genesis 12 steht dieser Traum in Kurzform: »Ich will dich groß machen und will dich segnen und du sollst ein Segen sein.« Gott sagt: »Ich will« – das heißt, was nun kommt ist Gottes Traum, sein erklärter Wille, sein ganzes Streben und Sehnen. Modern könnte man diesen Traum auch so formulieren: »Ich will, dass dein Leben gelingt und durch dich die Liebe unter den Menschen wächst, ich will dich beschenken und du sollst durch meine Kraft für andere da sein.« Und die Bibel berichtet im Weiteren eigentlich vor allem eines: dass Menschen immer dann aufgeblüht sind, wenn sie diesen Traum Gottes trotz mancher Schwierigkeiten gelebt haben, und immer dann, wenn sie glaubten, sie könnten sich von Gottes Traum lösen, alles elendig zugrunde ging.

Eine der ergreifendsten Erfahrungen, die das Volk Israel machen musste oder durfte, führte zu der wundervollen Erkenntnis, dass dieser Traum Gottes für uns auch dann gültig ist, wenn unsere Menschenträume nicht funktionieren oder an ihre Grenzen gekommen sind. Viele Theologen sagen, dass die Israeliten ihren Glauben in einer wirklich reifen Form erst dann fanden, als sie im babylonischen Exil lebten; als die Erfolgsgeschichte des israelitischen Königtums vorbei war und es sich zeigen musste, ob die Liebe Gottes auch dann trägt, wenn es den Menschen ganz dreckig geht. Als der herrliche Tempel zerstört, das Gelobte Land, das für die ehemaligen Nomaden alles bedeutete, besetzt und die heilige und lang umkämpfte Stadt Jerusalem gefallen war. Als all das, was für die Israeliten die Nähe Gottes symbolisiert und bestätigt hatte, nicht mehr existierte, musste das Volk ganz neu herausfinden, ob es tatsächlich mit einem Gott zu tun hat, der zu den Seinen hält. In dieser ungewöhnlichen und zugleich lebensentscheidenden Zeit kam das Volk Gott und dem Glauben näher als je zuvor. Und wie Josef nährte es sich über viele Jahre von seinem Traum, der dabei immer reicher und schöner wurde. Obwohl sie Gefangene in einem fremden Land waren, spürten die Israeliten immer deutlicher, dass Gott Großes mit ihnen vorhatte. Und darum verzweifelten sie nicht, sondern fingen an, ihre Träume mit Gottes Träumen zu vereinen und sich die Zukunft in den schönsten Farben auszumalen. Damals ist der oben gedruckte Text über das Träumen entstanden, der in lyrischer Form beschreibt, wie ein Leben voller Visionen, dessen Visionskraft auch in den tiefsten Krisen nicht aufhört, aussieht. (Lesen Sie ihn jetzt bitte noch einmal.)

Um das Thema »Was ist der Traum Gottes für die Menschen?« noch einmal zuzuspitzen, lohnt es sich, nach den Zielen zu fragen, die Gott hat. Wie wird die Zukunft aussehen, wenn Gottes Träume wahr werden? Eines ist jedenfalls sicher: Es wird das Paradies. Also schwärmen wir mal ein bisschen! Unserer Meinung nach steckt der Kern des Textes schon im ersten Satz: »Wir werden sein wie die Träumenden.« Ein faszinierendes Bild: Wenn das Reich Gottes auf Erden anbricht, dann werden wir nicht mehr sehnsuchtsvoll mit der Realität kämpfen, dann werden wir träumen. Wissen Sie, was das heißt? Stellen Sie sich einen vollendeten Träumer vor und Sie verstehen, was der Dichter meint: Echte Träumer überwinden alle Zweifel an ihren Träumen, sie glauben voller Hingabe und Vertrauen, dass

Gott es gut mit ihnen meint. So wie einer, der gerade einen Traum hat, nicht mehr von der Realität bedrängt wird. Diese Menschen werden nicht mehr zögerlich darüber nachdenken, ob sich wohl das Risiko lohnt, für eine bestimmte Vision einzutreten. Echte Träumer kann nichts erschrecken, weil sie Hoffnung haben. Echte Träumer lieben das Leben, weil sie wissen, dass es ein Ziel hat.

Wenn das Reich Gottes auf Erden anbricht, dann werden wir nicht mehr sehnsuchtsvoll mit der Realität kämpfen, dann werden wir träumen.

Das Allerwichtigste aber ist: *Echte Träumer leben aus der Zukunft und in die Zukunft*. Das mag banal klingen, aber wenn diese Einstellung in einem Menschen lebendig wird, ändert sich alles. Wer aus der Zukunft lebt, kann die Gegenwart gestalten, wer aus dem Gestern lebt, ist auch mit seinen Gedanken nur im Gestern. Und das ist etwas, was nicht nur einzelne betrifft. Die Grundthese der Psychoanalyse lautet: »Wir haben unsere individuellen Probleme vor allem deshalb, weil uns schmerzhafte, unverarbeitete Erfahrungen aus der Vergangenheit bedrängen – wir wissen in der Regel nicht einmal, was uns belastet, weil wir es verdrängen, aber es beherrscht uns.« Und es ist sicher nicht übertrieben zu sagen, dass auch 80 % der Seelsorgegespräche, die ein Pfarrer führt, deshalb nötig sind, weil seine Gesprächspartner mit der Vergangenheit nicht zurecht kommen. Sie leiden unter schlechten Erfahrungen in ihrer Kindheit und ihrer Erziehung, unter Enttäuschungen, Versagen, Ängsten und Schuld. Wir schleppen so viele alte Dinge mit uns herum, dass wir oft einfach nicht mehr vorwärts kommen. Und das ist die große Verheißung Gottes: Wenn wir sein werden wie die Träumenden, dann werden wir uns nicht mehr von der Vergangenheit fesseln lassen, sondern befreit nach vorne schauen. Unser Leben wird bestimmt sein von unserem Ziel. Von dem, was kommt. Und weil dieses Ziel sicher und stark ist, kann uns auch kein Rückschlag aus der Bahn werfen. Und genau das ist das Geheimnis Josefs. Er kommt immer wieder nach oben, weil er ein Träumer ist. Noch einmal: Ohne Traum hätte es Josef sicher nicht geschafft, seinen Lebensmut zu bewahren. Und im Gefängnis hätte er resigniert, so dass niemals einer auf die Idee gekommen wäre, dieses Häuflein Elend als Traumdeuter zu befragen. Träume verändern die Realität und im Reich Gottes werden Träume die Realität sein!

> *Wenn wir sein werden wie die Träumenden, dann werden wir uns nicht mehr von der Vergangenheit fesseln lassen, sondern befreit nach vorne schauen.*

Wenn Sie einen kleinen, konkreten Tip haben wollen, wie Sie Gottes Traum leben können, dann verschieben Sie ein bisschen den Schwerpunkt des Träumens. Verändern Sie die Perspektive. Setzen Sie überall da, wo Sie über Ihre Träume und die Vergangenheit nachgedacht haben, die Träume Gottes und die Zukunft in den Mittelpunkt. Jeder, der schon einmal versucht hat, in seiner Umgebung oder in seinem Leben etwas zu verändern, kennt diese Erfahrung: Es ist meist überhaupt nicht schwierig, etwas ganz Neues einzuführen. Gerade in der Kirche werden Sie fast immer mit Kusshand aufgenommen, wenn Sie eine kreative Idee haben – und Sie auch noch selbst umsetzen. Aber wehe, wenn im Rahmen Ihrer Veränderung etwas Altes, Traditionelles umgestaltet oder abgeschafft werden soll! Dann haben Sie mehr Feinde, als Ihre schlimmsten Befürchtungen Ihnen vor Augen geführt haben. Die Macht des

Gestern ist gewaltig. Gottes Wirkungsfeld ist das Heute mit dem Blick auf das Morgen. Lassen Sie sich von Gott inspirieren, nach vorne zu schauen. Dann geht es richtig los. Allein diese Perspektive ändert alles. Fordern Sie ein eingefahrenes Gremium auf, einen Plan für die Zukunft zu machen, dann wird in der Regel nicht viel Gescheites herauskommen – machen Sie den Leuten Mut, einmal alle »Ja, aber's«, alle Begrenzungen, die aus schlechten Erfahrungen der Vergangenheit herrühren, zu vergessen und einfach mal völlig frei loszuträumen, und Sie erleben Ihr blaues Wunder. Plötzlich sprudeln aus den stillsten Menschen traumhafte Vorstellungen über das, was alles möglich wäre – wenn nicht … Und dann ist meist auch schon wieder Schluss. Echte Träumer kennen kein »Nein«, sie akzeptieren höchstens ein »Noch nicht«, weil sie sich nicht vom Gestern blockieren lassen. Natürlich braucht man in jedem Dream-Team auch einen, der immer wieder einmal auf kritische Punkte hinweist. Solange aber die Träumer noch in der Minderzahl sind, sollten wir allen Mut machen, wirklich die Zukunft zum Zentrum ihres Denkens zu machen.

Gottes Wirkungsfeld ist das Heute mit dem Blick auf das Morgen.

Das Leben aus dem Morgen ist das innere Kennzeichen eines traumerfüllten Lebens. Wie aber wirkt diese Lebenseinstellung konkret auf unseren Alltag? Was passiert, wenn wir nach Gottes Träumen fragen, sie für uns als wegweisend erkennen und anfangen, erste Schritte mit ihnen zu gehen? Oder noch fundamentaler: Woran erkenne ich denn, ob ein Traum, den ich lebe, ein von Gott gesandter Traum ist und mit seinen Träumen übereinstimmt? Sicher gibt es dazu keine allgemeingültige Bestimmungsformel – das wäre auch etwas zu einfach. Und trotzdem wird man einen Traum Gottes nicht übersehen. Wir möchten vier Kennzeichen eines Gottestraumes aus dem Text hervorholen:

1. Lachen

Im Reich Gottes wird gelacht, und zwar fröhlich, wie es später im Psalm heißt. Und wer fröhlich lachen kann, der ist glücklich. Das ist das erste, das klarste und gleichzeitig das fundamentalste Merkmal: Wenn Gottes Traum wahr wird, dann werden Menschen glücklich sein. Das ist es! Einfach und doch wahr: Dann werden Sie eine so tiefe innere Befriedigung über das von Gott geschenkte Leben verspüren, dass diese sich in Heiterkeit und Unbefangenheit äußert. Ein Traum, den jemand nur als Belastung, als Einengung und Störung empfindet, kommt nicht von Gott. Wenn Sie bei Ihrem persönlichen Traum immer wieder das Gefühl haben, dass da irgendetwas nicht stimmt, und Sie mehr unter der Aufgabe leiden, als Sie dabei empfangen, dann können Sie sicher sein, dass dieser Traum zumindest in seiner jetzigen Form der Vision Gottes nicht voll entspricht. Wer dagegen befreit lachen kann, der ist in der Lage, mit einer großen Leichtigkeit und Sicherheit durch dieses Leben zu gehen, weil die entscheidenden Fragen des Lebens für ihn beantwortet sind. Weil er nicht nur für sich, sondern auch bei Gott Weg und Ziel gefunden hat. Ehrliches und offenes Lachen ist ein Zeichen für Zufriedenheit und Unverkrampftheit.

Wenn Gottes Traum wahr wird, dann werden Menschen glücklich sein.

Aber Vorsicht: Das Lachen, von dem der Dichter hier spricht, wird kein Eiapopeia-Kichern sein. Sie können sicher sein, dass es auch im Reich Gottes Sorgen und Fragen geben wird. Sonst wäre das Dasein dort kein Leben mehr, sondern nur noch Zustand. In der Vision des Psalmes handelt es sich um ein Leben von Menschen, die selbstverständlich auch das Böse kennen, aber sie können darüber lachen. Gelacht wird nämlich nur da, wo Befreiung erlebt wurde. Lachen ist ein Kennzeichen dafür, dass wir mit den Unstimmigkeiten unseres Menschseins zurechtkommen, weil wir von Gott geliebt und in seiner Hand geborgen sind. Und weil Jesus sagt, dass das Reich Gottes schon mitten unter uns ist, können Sie diesen Zusammenhang auch umdrehen: *Überall da, wo ein Mensch glücklich lacht, weil er sich befreit fühlt, da spüren Sie einen Hauch des Reiches Gottes!* Da wird etwas vom Traum Gottes sichtbar.

2. Rühmen

Im Reich Gottes wird gelobt und für den Psalmdichter gibt es überhaupt keinen Zweifel daran, wer da gelobt wird: Gott, der Befreier. Das Rühmen ist dann nicht nur eine Aktivität, es ist ein Seinszustand. Menschen werden Gott mit ihrem ganzen Dasein preisen und loben – ganz gleich, ob sie Lieder singen, beten, arbeiten oder den Traum Gottes verwirklichen: ihr Dasein als Ganzes wird zum Lob. Und wenn in diesem Traum Gottes unser Mund voll Rühmens sein wird, dann ist auch klar, was nicht in ihm sein wird: Lüge, Hass, Streit, Lästereien, Flüche oder Verleumdungen. Das hat einen ganz einfachen Grund: Jemand, dessen Leben erfüllt ist von einer Dankbarkeit gegenüber seinem Schöpfer und Retter, der kommt überhaupt nicht auf die Idee, sich und seinen Status gegenüber anderen so wichtig zu nehmen, dass er pausenlos negativ reden müsste. Ob Sie Gottes Traum leben, werden Sie daran erkennen, ob das Rühmen Ihr Leben bestimmt. Ob Sie auch dann, wenn Sie wie Josef gerade eine Gruben- oder eine Gefängnisphase haben, voller Überzeugung die Liebe Gottes preisen können, weil Sie wissen, dass Gottes Plan letztlich zum Ziel führt. Das kann nämlich nur jemand, der sich bereit erklärt hat, alle subjektiven und egoistischen Ideen zurückzustellen und sich ganz in Gottes Hände zu geben. Gottes Traum ist groß genug, alle unsere Ängste und Sorgen zusammenschrumpfen zu lassen, so dass wir auch im Leid rühmen können. Gott denkt weiter als wir. Und wenn wir darauf vertrauen können, erkennen wir auch, dass er für uns einen Traum hat, der vielleicht manche Wartezeit in Kauf nehmen muss, der aber zugleich eine Verheißung mit sich bringt, wie sie machtvoller nicht sein könnte. Mit dieser Erkenntnis kann man hingebungsvoll Gott loben. Und seien Sie sicher: Das werden Sie an sich und an anderen spüren, ob Sie diese von Gottes Traum genährte Kraft zum Lobpreis haben. Wer rühmt, der hat eine so positive Lebenseinstellung, dass er die Welt verändert. Kurz: Überall da, wo ein Mensch gar nicht anders kann, als Gott zu loben, weil er so erfüllt ist von seiner Gnade, da spüren Sie einen Hauch des Reiches Gottes.

Ob Sie Gottes Traum leben, werden Sie daran erkennen, ob das Rühmen Ihr Leben bestimmt.

3. Ausstrahlen

»Dann wird man sagen unter den Heiden: Der Herr hat Großes an ihnen getan.« Spüren Sie, welche Kraft in diesem Satz steckt? Gottesträumer werden Menschen sein, denen man die Nähe Gottes ansieht und anmerkt. Da wird niemand groß fragen müssen: »Warum bist du so beseelt?« Es wird auf den ersten Blick sichtbar werden, dass in diesen Personen eine Kraft wirkt, die nicht aus ihnen selbst herauskommt. Auch Thomas Mann vermutet in seinem Josefsroman immer wieder, dass der übermütige Israelit vor allem deshalb so erfolgreich war, weil er etwas von diesem Traum Gottes für sein Leben ausgestrahlt hat. Nicht Josef hat Potifar, dessen Gattin, den Mundschenk und den Pharao beeindruckt und betört, es war der Glanz Gottes, der aus ihm herausstrahlte. Wer von Gott erfüllt ist, der kann das nicht verbergen! Manchmal lohnt es sich, diejenigen, die sich im »Weinberg« Gottes engagieren, nur einmal in Ruhe zu betrachten. Man wird spüren, ob sie Gottes Traum ausstrahlen oder nicht. Natürlich gilt auch hier: Gottesträumer bleiben Menschen, auch sie werden Fehler machen, enttäuschen und uns vielleicht als Individuen unsympathisch sein – und doch wissen wir instinktiv, dass sie sich für die richtige Sache einsetzen. Das Ausstrahlen hat aber noch eine ganz andere Komponente: Wenn Gott endgültig seine Herrschaft auf Erden errichtet, braucht es keine Mission mehr. Denn die Verheißung sagt, dass selbst die, die gar nicht an Gott glauben, dann überrascht und verwundert sagen werden: Wer so gesegnet ist wie diese Christen, der hat wahrlich einen großen Gott. Lassen Sie sich das mal auf der Zunge zergehen. Eine Glaubensgemeinschaft wird so sehr das Wirken Gottes ausstrahlen, dass selbst die härtesten Atheisten gestehen müssen: Mit denen passiert etwas, das uns fehlt.

Man wird spüren, ob sie Gottes Traum ausstrahlen oder nicht.

Wenn Gottes Traum in dieser Welt Stück für Stück wahr wird, dann wird seine Kraft so mächtig in den Menschen, dass alle, die daneben stehen, das am ganzen Körper spüren. Staunend stehen sie da und freuen sich über das, was sie da erleben. Überall da, wo ein Mensch in der Gegenwart eines Gläubigen entdeckt: »Dieser Mensch hat etwas Großartiges erfahren, das mir fehlt«, da spüren Sie einen Hauch des Reiches Gottes.

4. Ernten

»Im Reich Gottes wird man mit Freuden ernten.« Auch dieser Satz macht deutlich, dass Gottes Traum sehr real ist. Denn dort muss man noch arbeiten. (Tut uns auch Leid, ehrlich ...) Aber es wird einen Unterschied geben, der alles, was wir mit Arbeit verbinden, untergräbt: Man wird es mit Freuden tun. Wenn die Früchte der Träume Gottes reif sind, wird es uns eine Ehre sein, sie zu pflücken. Auch das ist eines der wichtigsten Kennzeichen eines Traumes: Er verlangt immer höchsten Einsatz, aber dieser Einsatz ist letztlich keine Last, sondern eine Freude. Denken Sie an den Maurer, der in sich den Dombauer sieht. So absurd das ist: Wenn wir eine bestimmte Tätigkeit für uns machen oder weil sie uns von irgendjemandem aufgetragen wird, wird sie uns schnell leid, wenn wir sie jedoch als kleine Stufe auf dem Weg zu einem großen Ziel ansehen, können wir sie bei aller Schwere genießen.

Allerdings sind wir im Moment an vielen Stellen der Menschheitsgeschichte erst in der Phase des Säens. Und da wird es, laut Text, noch viele Tränen geben. Gottes Traum fordert uns heraus, so sehr, dass wir manchmal weinend dastehen werden. Aber der Bauer, der mit Tränen in den Augen vor seinem umgepflügten Feld steht, weiß, dass er im Frühjahr überall neues Leben entdecken wird.

Der letzte Teil dieses Absatzes, in dem betont wird, dass die Menschen, die ernten, auch ihre Garben bringen, macht noch einmal eine besondere Qualität von Gottesträumen deutlich: Wer nach langen Mühen den Ertrag seines Schaffens eingebracht hat, wird ihn nicht nur für sich behalten. Und schon wieder sprengen Gottes Träume die Grundlagen unserer modernen Gesellschaft, in der jeder ganz selbstverständlich zunächst einmal für sich und *nur* für sich arbeitet. Gottes Traum sieht eine Zeit vor, in der das völlig anders ist: Wenn Gottes Traum wahr wird, dann arbeitet niemand mehr nur für sich, jede und jeder wird dann Freude daran haben, für Gott und für die anderen Menschen die Ernte einzubringen. Er weiß, dass Gott ihn versorgt und behütet. Darum kann er auch im materiellen Bereich gelassen sein und etwas von der Großzügigkeit Gottes widerspiegeln. Er weiß sich jederzeit geborgen und bewahrt; darum hat er auch keine Probleme damit, sich als Teil eines Ganzen zu verstehen – und mit anderen zu teilen, was er selbst geerntet hat. Er wird für andere da sein und spüren, dass dieses Miteinander letztlich auch ihm zugute kommt. Überall da, wo ein Mensch nicht in erster Linie sich, sondern Gott und die Menschen in den Mittelpunkt seiner Arbeit und seiner Fürsorge stellt, da spüren Sie einen Hauch des Reiches Gottes.

Wenn Gottes Traum wahr wird, dann arbeitet niemand mehr nur für sich, jede und jeder wird dann Freude daran haben, für Gott und für die anderen Menschen die Ernte einzubringen.

Eigentlich sind diese vier Punkte, die der Psalm betont – »Lachen, Rühmen, Ausstrahlen und Ernten« –, nichts anderes als eine Umschreibung des Urtraumes Gottes:

»Ich will dich groß machen und will dich segnen und du sollst ein Segen sein.« Wenn das wahr wird, entsteht eine neue Welt. Ein Reich voller Glaube, Liebe und Hoffnung, in dem Gottes Traum so mächtig ist, dass er alle unsere Sehnsüchte in sich vereint und erfüllt. Wenn es nicht so abgegriffen wäre, würden wir am liebsten einen Ausdruck dafür gebrauchen: paradiesisch.

Vielleicht hilft es Ihnen ja, wenn Sie in Zukunft mal ein bisschen darauf achten, ob Sie eines dieser Kennzeichen der Träume Gottes in Ihren Träumen und in Ihrem Leben entdecken. Es geht leichter, als man denkt:

- Sagen Sie sich jedesmal, wenn Sie vor Dankbarkeit glücklich lachen: Hier wird Gottes Traum wahr. Und wenn Sie mit den Tränen kämpfen: Hier wird für die Zukunft gesät. Wenn Sie jedoch rückwärtsgewandt in Unzufriedenheit und Selbstmitleid Ihr Leben betrachten, dann wissen Sie: Hier bin ich von Gottes Traum weit entfernt.
- Sagen Sie sich jedesmal, wenn Sie Gott loben: Hier wird Gottes Traum wahr. Und wenn Sie mit Ihren Aussagen andere verletzen: Hier bin ich von Gottes Traum weit entfernt.
- Sagen Sie sich jedesmal, wenn Sie entdecken, dass Ihr Glaube nach außen ausstrahlt: Hier wird Gottes Traum wahr. Und wenn Sie zu hören bekommen »Auf Ihre Art, Christ zu sein, kann ich verzichten!«: Hier bin ich von Gottes Traum weit entfernt.
- Sagen Sie sich jedesmal, wenn Sie voller Freude die Früchte Ihrer Arbeit vor Gott bringen: Hier wird Gottes Traum wahr. Und wenn Sie wieder einmal alles für sich selbst verbraucht haben: Hier bin ich von Gottes Traum weit entfernt.

Wenn unser Traum nicht Gottes Traum ist, dann wird er letztlich über uns und die Menschheit mehr Leid als Freude bringen. Prüfen Sie Ihre Träume und stellen Sie fest, ob diese die Menschen um Sie herum und Sie selbst zum Lachen, Rühmen, Strahlen und Ernten führen. Und wenn dem so ist, dann fangen Sie an, wirklich zu träumen: von ganzem Herzen, von ganzer Seele und mit all Ihrer Kraft. Denn nur Träumer können Gottes Traum wahr werden lassen. Jede und jeder Einzelne kann mit seinen Träumen das Reich Gottes voranbringen. Und das ist Gottes Traum für uns: dass wir daran mitwirken und dabei entdecken, was es bedeutet, aus der Zukunft zu leben.

Wenn unser Traum nicht Gottes Traum ist, dann wird er letztlich über uns und die Menschheit mehr Leid als Freude bringen.

Kapitel 5

Starthilfe

Zehn Schritte, seine Träume zu leben

In diesem Kapitel lesen Sie, wie die ersten konkreten Anfänge eines Träumers, der seine Träume leben will, aussehen können. Vom Entdecken der eigenen Sehnsüchte, Hoffnungen und Visionen bis zum Erreichen des Zieles ist es ein langer – aber aufregender – Weg, auf dem es gut tut, ein Erste-Hilfe-Köfferchen voller praktischer Tips dabei zu haben. Darüber hinaus erfahren Sie, was dieser Prozess mit dem Autofahren zu tun hat. Am Ende Ihrer Lektüre sollte Sie bereits vor Motivation und Vorfreude beben. Gottes Segen dabei.

Lebe deinen Traum

Träumen ist nicht leicht. Wer Ihnen das erzählt, der hat sich noch nicht wirklich darauf eingelassen. Und trotzdem bleibt es der einzige gangbare Weg, die von Gott in uns hineingelegten Möglichkeiten wirklich zu leben. Nur mit der Sehnsucht, die Welt und sich selbst zum Blühen zu bringen, finden Sie auch den Mut, Ihren ganz persönlichen Weg auszuprobieren. Seien Sie dankbar, wenn Sie die Fähigkeit zum Träumen schon in sich entdeckt haben, wenn nicht, dann fangen Sie am besten heute noch an. Denn die Kunst zu träumen ist sozusagen der *Anlasser* für alle Gaben, die wir in uns haben. Und es ist ganz gleich, welchen Motor Sie zum Laufen bringen wollen, ob einen mit 10 oder 1 000 PS, ob mit ganz kleinem oder sehr großem Hubraum, ob Benziner oder Diesel, zuallererst müssen Sie den Anlasser betätigen, damit das Ding in Schwung kommt. Wenn Sie sich aber erst einmal auf Touren gebracht haben, dann werden Sie auch eine unbändige Lust verspüren loszufahren, selbst wenn Sie die Strecke noch nicht genau kennen. Und je weiter Sie fahren, desto deutlicher werden Sie erkennen, dass die Welt, in der Sie vorher gelebt haben, wirklich nur ein winziger Ausschnitt aus dem großen Spektrum des Daseins war. Zugegeben: Sie werden immer wieder einmal vor einer roten Ampel stehen müssen, es wird Pannen geben und es wird Ihnen vielleicht auch einmal der Treibstoff ausgehen – aber all das ist nichts, wenn man bedenkt, was Sie alles verpasst hätten, wenn der Anlasser nicht betätigt worden wäre. Eigentlich kann man in diesem Sinne das Träumen sehr

Die Kunst zu träumen ist sozusagen der Anlasser für alle Gaben, die wir in uns haben.

gut mit dem Glauben vergleichen – beides bedarf am Anfang nur des Mutes zum ersten Schritt. Ist dieser erst einmal getan, nimmt beides unsere ganze Existenz mit in einen Strom neuer und mitreißender Erfahrungen. Auch wenn diese eine ständige Herausforderung und eine fruchtbare Auseinandersetzung mit der Welt darstellen, so bringen sie doch vor allem eine unglaubliche Steigerung an Lebensqualität, Intensität und Erweiterung der Wahrnehmung mit sich.

Träumen ist ein Prozess und ein Handbuch des Träumens – in dem man so einfach nachschlagen könnte, wie das funktioniert – kann und wird nicht auf den Markt kommen, denn es geht ja um Ihren individuellen und einzigartigen Traum – und um Gottes immer wieder überraschende Wege, deren Kennzeichen es nun einmal ist, dass wir sie mit unserer menschlichen Logik nicht erfassen können. Darum gehört zu jedem Traum auch Glauben, das Über-sich-Hinausdenken. Ohne Glauben funktioniert es nicht. Sollte es wirklich Menschen geben, die ganz ohne einen christlichen Hintergrund träumen können, dann haben sie zumindest die wesentlichen Dinge des Glaubens verstanden, auch wenn Sie diese vielleicht noch nicht mit Gott in Verbindung bringen. Die Fähigkeit zu erkennen, dass echte Träume Teil eines größeren Ganzen sind und dass sie neue Wertigkeiten im Bereich der Ethik, der Selbstwahrnehmung und des Umganges mit Niederlagen fördern, ist bereits ein gewaltiger Schritt auf den Glauben zu. Den Menschen Ziele und Wege zum Leben aufzuzeigen, die man mit einer egoistischen Einstellung niemals finden würde, erfordert eine solche Offenheit und zugleich demütige Unterordnung unter das, was da an Herrlichem auf uns zukommt, dass der letzte entscheidende Schritt zu einem Leben mit Gott nur noch eine Frage der Zeit ist. Allen »Nichtchristen«, die so intensiv träumen können, wünschen wir, dass sie Gottes große Träume in ihrer tiefsten Sehnsucht entdecken.

Wir haben in diesem Buch sehr viel von individuellen Lebensträumen gesprochen, aber wenn Sie sich in Ihrer Arbeit oder Freizeit, zu Hause oder in der weiten Welt für etwas einsetzen, dann wissen Sie wahrscheinlich auch, dass die meisten der genannten Eigenschaften auch auf all diese Bereiche zutreffen. Ohne den richtigen Traum finden keine bedeutenden Veränderungen statt. Weder in einer Gemeinde noch in einer Familie, einem Betrieb, einem Verein, einer Partei oder einem geschäftlichen Projekt werden Sie auf die Dauer wirklich erfolgreich und befriedigend arbeiten können, wenn Sie nicht nach den Träumen der Beteiligten fragen und gemeinsam versuchen, eine Vision für Ihre Gruppe oder Ihre Gemeinschaft zu finden.

Wenn Sie den Anlasser für Ihr Leben betätigen, kann es leicht passieren, dass außer einem müden Husten nichts passiert. Wie bei jedem Motor brauchen Sie zum Anlassen die richtige Spannung. Ohne Batterie wird es schwer. Die, die sich gerade auf einem Berg befinden, haben es da leichter. Sie können einfach Fahrt aufnehmen und dann die Kupplung kommen lassen. Wer sich dagegen mit seiner leeren Batterie gerade in einem Tal befindet, der wird seinen Traum nicht so leicht anlassen können. Sich mit einem Traum aus einer Lebenskrise herauszuarbeiten erfordert daher noch mehr Anstrengung. Nur eines ist in dieser Situation besonders bedeutend: Lassen Sie sich bitte nicht abschleppen! Es passiert so schnell, dass wir uns, nur weil wir unseren Traum nicht zum Laufen bringen, an irgendetwas, zumeist an die Träume anderer,

Wie bei jedem Motor brauchen Sie zum Anlassen die richtige Spannung.

anhängen. Und dann wundern wir uns, dass es doch nicht genau dahingeht, wohin wir gezogen werden wollen. Wirklich in Fahrt kommen Sie nur mit einem eigenen Traum. Kein Wunder: Ein Auto ohne Motor ist und bleibt ein Wrack, selbst wenn es von einem Porsche gezogen wird.

Wenn Sie noch nicht ganz sicher sind, ob und wie Sie Ihren Traum-Anlasser betätigen können, dann hilft nur eines: Starthilfe. Da, wo Sie jetzt gerade stehen, brauchen Sie ein bisschen Energie, um Ihre Batterien wieder aufzuladen. Mit den folgenden zehn Tips wollen wir Ihnen helfen, Ihre »Traumbatterien« soweit aufzuladen, dass Sie wieder genug Power haben. Nicht im Sinne einer Gebrauchsanleitung, sondern im Sinne von Ermutigung und Motivation. Aber vergessen Sie nicht: Den Anlasser betätigen müssen Sie irgendwann selbst. Bitte tun Sie's!

1. Suche deinen Traum

Viele Menschen haben sich bisher so wenig mit Träumen beschäftigt, dass sie gar nicht genau wissen, welche Träume sie haben. Wenn Sie sich unsicher sind, wie eine Vision für Ihr Leben aussehen könnte, dann machen Sie sich einfach auf die Suche. Es kann sein, dass tief in Ihnen schon alles darauf wartet, hervorbrechen zu können; es kann aber auch sein, dass Sie eine Zeitlang forschen müssen, bis es Sie zum ersten Mal packt und Sie spüren: »Das ist es! Wenn dies oder jenes in meinem Leben geschähe, dann wäre ich glücklich.«

Nehmen Sie dazu auch Gott »in die Pflicht«. Er hat versprochen, uns ein Leben in Fülle zu schenken.

Nehmen Sie dazu auch Gott »in die Pflicht«. Er hat versprochen, uns ein Leben in Fülle zu schenken. Nageln Sie ihn darauf fest. In der Regel lässt er sich nicht lange bitten. Aber ganz im Ernst: Richten Sie sich feste Zeiten ein, in denen Sie mit Gott nur über seinen Auftrag für Ihr Leben und die damit für Sie verbundenen Träume reden. Seien Sie ganz offen und lassen Sie sich nicht von Ihren Ängsten oder Vorurteilen davon abhalten, auch gut zuzuhören. Mancher will Gottes Ruf einfach nicht wahrnehmen, weil dieser so ganz anders ist, als er ihn sich anfangs vorgestellt hat. Und verlieren Sie nicht die Geduld. Sie haben einige Jahre gebraucht, um der Mensch zu werden, der Sie heute sind. Ganz gleich, wie Sie dabei mit Ihren Träumen umgegangen sind, es ist nur natürlich, dass Sie vor möglichen größeren Umwälzungen erst einmal zurückschrecken.

Fast immer hilft es, Träume oder erste Ansätze davon auszuformulieren. Es ist wichtig, dass wir schwarz auf weiß sehen, was da in uns vorgeht. Und jeder Träumer, der so verfährt, hat es schon erlebt, dass er abends einen Traum ausformuliert hat, vor dem er noch am Morgen sprachlos und überwältigt gesessen hatte. Träume reifen langsam und je mehr wir uns damit beschäftigen, desto fundierter werden sie. Folgende Fragen können Ihnen vielleicht helfen, Ihren Träumen näher zu kommen:

- Wenn ich von heute auf morgen drei Dinge in meinem Leben ändern könnte, welche wären das?
- Welche Dinge in meinem Leben mache ich nur widerwillig, weil sie eben gemacht werden müssen?
- Welche Dinge in meinem Leben würde ich gerne viel häufiger und intensiver betreiben?
- Was kann ich am besten? In welchem Bereich würde ich gerne ganz viel dazulernen und wo möchte ich mich weiterentwickeln?

- Wann war ich das letzte Mal bei etwas so richtig glücklich? Und was war ausschlaggebend für dieses Gefühl?
- Welche (in der Öffentlichkeit stehenden) Personen faszinieren mich am meisten und warum?
- Für was wäre ich bereit, wirklich etwas einzusetzen und zu opfern, weil es mir so wichtig ist?
- Was hätte ich schon längst einmal in Angriff genommen, wenn ich nicht dauernd davon abgehalten werden würde?

2. Wage, wirklich zu träumen

Einen Traum finden und ernst nehmen ist eine Sache, ihn auszugestalten eine andere. Am besten greifen Sie wieder zu einem Blatt Papier und schreiben einmal alle Dinge auf, die sich in Ihrem Leben konkret ändern würden, und alles, was an Risiken und Chancen auf Sie zukäme. Viele Menschen wissen sogar sehr gut, wonach Sie sich sehnen, Sie pflegen Ihre Träume – aber wie Vögel in einem Käfig. Wenn Sie sich nicht eines Tages wundern wollen, warum Ihre Träume noch immer nicht flügge sind und nur leise vor sich hin zwitschern, sollten Sie anfangen, über die nächsten Schritte nachzudenken. Wir wissen nicht, wie viele Menschen in goldenen Käfigen wunderschöne Träume verhätscheln, ohne sich bewusst zu machen, dass diese nur in der frischen, freien Luft ihre Flügel entfalten und fliegen können – es sind jedenfalls viel zu viele. Dieses Buch heißt: »Träume nicht dein Leben – Lebe deinen Traum«. Es gibt großartige Träumer, die

Viele Menschen pflegen Ihre Träume wie Vögel in einem Käfig.

sich niemals auf eine existenzielle Ebene wagen und ihrem Traum eine echte Chance geben. Wagen Sie es, wirklich zu träumen, und öffnen Sie die Käfigtür. Und damit das gelingt, sollte man sich sorgfältig und ehrlich mit seinen Träumen auseinandersetzen.

Bei diesem Prozess werden Sie einer Flut von »Ja, aber's« begegnen. Und nicht nur das. Es gibt Sätze, die werden Sie verfolgen: »Das geht ja bei uns sowieso nicht!«, »Das haben wir immer anders gemacht!«, »Was glauben Sie denn, wer Sie sind?«, »Ist das nicht eine Nummer zu groß für Sie?« oder: »Sie werden schon sehen, wie das ist, wenn Sie mit der Wirklichkeit konfrontiert werden.« Das sind immer Argumente von Menschen, die nie den Mut hatten, ihre Träume zu leben. Aber so ist das nun mal: Sie werden gegen Mutlosigkeit, Einsamkeit und Schwäche antreten und Sie werden immer wieder den inneren Schweinehund überwinden müssen. Gleichzeitig aber wird Ihr Traum, wenn es der Richtige ist, wachsen. Denn nichts füttert eine Vision mehr als eine kritische Auseinandersetzung. Bei jedem Hindernis, das Sie überwinden, wird er stärker und überzeugender. Und Sie werden feststellen, dass sich Ihr Traum verändert. Manches gute Argument wird Sie veranlassen, den Kurs zu ändern, ohne dass Sie dafür das Ziel aus den Augen verlieren müssten. Wenn es der Traum ist, den Gott Ihnen gegeben hat, dann gewinnt er bei all diesen Fahrtmanövern an Profil.

Recherchieren Sie wie für einen guten Zeitungsartikel. Sie brauchen viele Informationen, wenn Sie am Ende aus all den vielen Möglichkeiten den richtigen Traum herausfiltern wollen. Möglicherweise sind manche Ängste völlig unbegründet, die Sie immer wieder vor Ihrem Traum zurückschrecken lassen. Vielleicht stellt sich aber auch heraus, dass Sie einzelne Schritte ganz vergessen haben. Wer träumt, der hat in der Regel am meisten Angst davor, seinen Traum mit der Wirklichkeit zu konfrontieren. Gerade darum sollten Sie sich viel Zeit dafür nehmen. Der amerikanische Prediger Robert Schuller hat einmal gesagt: »Wenn du einen Traum förderst, dann fördert der Traum dich.« Das werden Sie erfahren, wenn Sie wagen, wirklich zu träumen. Noch vor der Realisation gewinnen Sie etwas für Ihr Leben. Und wenn Ihr Traum am Ende wahr geworden ist, dann werden Sie über all die kleinen Stolpersteine, die Ihnen soviel Mühe gemacht haben, lachen.

3. Nimm deine Träume ernst

Halbherziges Träumen gibt es nicht. Beim Träumen heißt es: ganz oder gar nicht. Darum ist die Grundlage jedes erfolgreichen Traumprozesses, dass Sie Ihre vielleicht noch ganz schüchternen Träume nicht als Spinnereien oder komische Ideen, sondern wirklich als von Gott gegebene Sehnsüchte betrachten, in denen etwas von dem sichtbar wird, wofür Sie geschaffen sind. Bei den vielen kritischen und allzu rational klingenden Stimmen, die uns raten, auf dem Teppich zu bleiben, ist das eine große Herausforderung. Aber wie wollen Sie jemals einen Traum in die Tat umsetzen, wenn Sie ihm selbst nicht trauen? Wenn Sie nicht daran glauben, wie soll dann ein anderer überzeugt werden? Dabei werden Sie entdecken, dass Sie eigenlich selbst sehr gut unterscheiden können, ob ein Gedanke in eine Sackgasse oder in eine tragfähige Zukunft führt. Echte Träume lassen uns nicht los, sie fordern ihr Recht ein.

Halbherziges Träumen gibt es nicht. Beim Träumen heißt es: ganz oder gar nicht.

Und wir haben nur zwei Möglichkeiten: Wir können sie ernst nehmen oder sie solange klein halten, bis sie uns nur noch im Unterbewussten bedrängen. Ihre Träume sind ein Teil von Ihnen, das sollten Sie nie vergessen.

Oben wurden viele Gründe genannt, warum sich Menschen gerne vor dem Träumen drücken. Letztlich sind es einfach diffuse Ängste, gepaart mit einem Streben nach Sicherheit. Die einfachste Methode, Träume zu umschiffen, ist dann, sie lächerlich zu machen: »Das ist doch alles Quatsch! Wohl größenwahnsinnig geworden.« Sie erinnern sich sicher noch an die Kommentare der Erzengel aus dem Vorwort. Weil das Lächerlich-Machen nichts anderes ist als die Unsicherheit der anderen (oder auch Ihre eigene), können Sie nur dann ein festes Fundament für Ihre Zukunft gründen, wenn Sie Ihre Träume wirklich ernst nehmen. So ernst, dass Sie gegen jeden Hohn und Spott gefeit sind. Aber auch so ernst, dass dieser Traum in Ihnen wachsen kann. Jeder Mensch hat Wünsche, ob sie aber zu einem lebensverändernden Traum heranwachsen, hängt vor allem davon ab, wie ernst wir uns und unsere Hoffnungen nehmen.

Nehmen Sie sich – vielleicht erst einmal für einen gewissen Zeitraum – vor, Ihre Träume zu beachten, sie weiterzudenken, ihnen Raum zu geben und die Konsequenzen ganz offen und ehrlich aufs Papier zu bringen.

4. Teile deinen Traum mit anderen

Ein Problem der Menschen, die ihre Träume nicht leben, sondern nur ihr Leben träumen, ist, dass sie niemals mit anderen darüber reden. Josef geht da ganz anders vor. Er erzählt von seinen Visionen, als es nach menschlichem Ermessen noch viel zu früh dafür ist. Und trotzdem war das der richtige Weg, denn seine Offenheit setzt den ganzen Prozess erst in Gang, der schließlich zum Ziel führt. Man stelle sich vor, Josef hätte seine Träume von der Herrschaft noch zehn Jahre mit sich herumgetragen. Er hätte sie entweder irgendwo begraben oder sich regelmäßig darüber geärgert, dass er immer noch im Bergland Judas Vieh hütet, anstatt seiner Berufung näher zu kommen. Oder er hätte verschmitzt lächelnd seine ganze Existenz an diesen verborgenen Traum gehängt und bei jedem zänkischen Wort der Brüder gedacht: *Macht euch nur lustig, eines Tages werdet ihr sehen, wer zu Höherem berufen ist.* Aber das wäre nie eingetreten und Josef hätte sein Leben verträumt. Wenn Sie von Ihren Träumen erzählen, kann es sein, dass Sie vor unangenehme Entscheidungen gestellt werden oder irgendetwas auslösen, das Sie nicht abschätzen können. Aber das gehört dazu. Wenn Sie es nicht tun, kann Ihre Vision keinen Raum gewinnen.

Wenn Sie von Ihren Träumen erzählen, kann es sein, dass Sie vor unangenehme Entscheidungen gestellt werden oder irgendetwas auslösen, das Sie nicht abschätzen können.

Wenn Sie unsicher sind, suchen Sie sich anfangs erst mal Menschen, die Sie schätzen und auf deren Urteil Sie vertrauen – und bei denen es Ihnen nicht zu schwer fällt, Kritik anzunehmen. Vor allem aber sollten Sie Ihren Traum möglichst schnell (mit allen oben genannten Vorsichtsmaßnahmen) mit den Menschen teilen, die Ihnen nahestehen. Das ist nicht immer leicht, aber wenn Ihr Traum Realität wird, ist es nicht ausgeschlossen, dass die Veränderungen in Ihrem Leben ohnehin sehr rasch den Ihnen Nahestehenden auffallen werden. Außerdem sollte das die Basis jeder ehrlichen und guten Beziehung sein, dass ich den anderen an wesentlichen Entwicklungen meines

Lebens teilhaben lasse. Es kann sogar passieren, dass Menschen enttäuscht sind, wenn sie merken, dass man sie nicht ins Vertrauen gezogen hat. Je länger Sie warten, desto schwerer wird es, Freunde in den Traum mit einzubeziehen, sei es, um sie auf mögliche Veränderungen vorzubereiten, sei es, von ihnen motiviert und unterstützt zu werden. Andererseits werden Sie gerade im Austausch mit anderen immer mehr Klarheit über Ihren Traum gewinnen. Haben Sie Mut und seien Sie ehrlich. Wenn Sie einen großen Traum haben, dann ist es falsch, die Menschen häppchenweise darauf vorzubereiten. Als Rick Warren den Traum von einer Mega-Gemeinde im Saddleback-Valley im Süden von Los Angeles bekam, gründete er mit einigen Bekannten eine ganz kleine Keimzelle und lud zu einem ersten Gottesdienst ein. Den 200 Besuchern, die da alle noch etwas unsicher auf ihren Stühlen saßen, sagte er als Erstes: »Ich träume davon, dass in einigen Jahren in dieser Gemeinde 20 000 Menschen Gottes Liebe feiern.« Rick sagt noch heute, dass er seinen Traum nur verwirklichen konnte (und das hat er), weil von Anfang an alle wussten, woran sie bei ihm waren.

Wenn Sie einen großen Traum haben, dann ist es falsch, die Menschen häppchenweise darauf vorzubereiten.

5. Suche dir Mitträumer

Es gibt kaum einen Traum, der nur eine Einzelperson betrifft. Wirklich gedeihen wird Ihre Vision nur, wenn Sie auch Menschen finden, die mit Ihnen träumen und die Ihre Träume nicht nur respektieren oder Sie vielleicht sogar dabei unterstützen, sondern die tatsächlich den gleichen Traum haben. Warum erleben Menschen, die mit anderen eine Theateraufführung vorbereiten, eine gemeinsame Ausbildung machen oder zusammen in einem Projekt arbeiten, die intensivste Form von ideeller Gemeinschaft? Weil sie ein Ziel haben! Weil sie von einer Idee zusammengehalten werden, die stärker ist als alle menschliche Bindung. Manchmal treffen sich alte Freunde, die einmal gemeinsam ein Ziel hatten, und stellen plötzlich fest, dass sie sich kaum mehr zu sagen haben als Sprüche aus den alten Zeiten. Die gemeinsame Basis ist weg, die Träume haben sich auseinanderentwickelt und nun ist die innige, tiefe Beziehung nicht mehr da. Wenn Sie das bedenken, werden Sie auch verstehen, dass die Ehen am glücklichsten sind, in denen das Paar nicht nur auf die menschliche Anziehung baut, sondern in denen ein gemeinsames Lebenskonzept, ein gemeinsamer Traum das Miteinander prägt. Suchen Sie sich Menschen, die mit Ihnen träumen.

Es kann sogar sein, dass Sie in einigen Fällen irgendwann feststellen, dass es gar nicht anders geht. Dass Ihr persönlicher Traum soviel mehr umfasst als die Gaben, die Sie haben, dass er zu einem gemeinsamen Traum werden muss. Sie haben die wundervolle Vision, eine urgemütliche Künstlerkneipe aufzumachen, können aber nicht kochen. Dann brauchen Sie nicht irgendeinen Koch, Sie brauchen einen, der Ihren Traum mit Ihnen teilt. (Was meinen Sie, warum wir unsere beiden Traumbücher zu dritt geschrieben haben?)

Wenn Ihr Traum ein bisschen weiter gereift ist, sollten Sie auch anfangen, sich vermehrt Personen als Gesprächspartner zu suchen, die ein Stück Ihres Traumes verwirklicht haben. Wenn Sie von einer neuen, revolutionären Technik träumen, versuchen Sie, einen Termin bei Bill Gates zu bekommen. Das ist nicht leicht, aber auch nicht unmöglich. Das Wesen eines Traumes ist ja, dass Sie immer um einige Dimensionen größer denken sollen und dürfen, als Sie es normalerweise tun. Suchen Sie sich richtig kompetente Leute, die den Weg, den Sie vorhaben, schon ein Stück gegangen sind. Diese Menschen können sehr gut beurteilen, wie realistisch Ihr Traum ist und auf welche Klippen Sie achten müssen. Sie müssen nicht alle schlechten Erfahrungen selbst machen.

Wir haben in diesem Buch mehrfach darauf hingewiesen, dass große Träume nicht nur Sie, sondern auch andere vor Entscheidungen stellen. Darum werden Sie nicht nur erleben, dass Sie neue und unglaublich bereichernde Freunde finden, Sie werden sich auch Feinde machen. Menschen, denen Ihr Traum ein Dorn im Auge ist. Die vielleicht sogar ahnen, dass hinter jeder großen Vision eine die Welt beeinflussende Gabe Gottes steht. Gehen Sie mit diesen Personen diplomatisch um, aber erlauben Sie ihnen nicht, zu viel Raum einzunehmen. Denn auch wenn es in Ihren Diskussionen um Einzelfragen geht, stehen sich letztlich zwei völlig konträre Einstellungen gegenüber. Und Sie werden den Konflikt nicht lösen, ohne dass eine der beiden Seiten nachgibt. Träume vertragen aber Kompromisse in der Regel *nicht.* Sie sind klar und lebensentscheidend und können deshalb nicht halbherzig verwirklicht werden. Darum sind Mitträumer so wichtig, die Sie dann auffangen, wenn Sie wieder mal eins vor den Bug geschossen bekommen haben.

Träume vertragen Kompromisse in der Regel nicht.

6. Lebe so, als ob dein Traum wahr wäre

Manche Träume werden über Nacht wahr, andere nicht. Und wenn Sie gerne ein künstlerischer Fotograf werden wollen, ist es sinnvoll, nicht einfach irgendwo jemanden um eine Assistentenstelle zu bitten, sondern in Ruhe eine Mappe vorzubereiten, in der Ihre Ideen deutlich werden. Gerade bei künstlerischen Ambitionen können Sie nur dann auf Rat von erfahrenen Menschen hoffen, wenn Sie denen etwas zum Beurteilen vorlegen. Was nützt es, über Ihre Chancen als Opernsängerin nachzudenken, wenn sich beim ersten Ton herausstellt, dass Sie eher Karl Dall Konkurrenz machen könnten? Ein Bekannter von uns hat tatsächlich seinen Traum vom Fotografieren einfach einmal gelebt. Er hatte keine Ahnung davon, spürte aber plötzlich in sich die Sehnsucht, wertvolle Augenblicke festzuhalten. Er sprach lange mit verschiedenen Profis, lieh sich eine professionelle Ausrüstung, verwandelte sein Wohnzimmer in ein Atelier und probierte einfach einmal aus, wie das ist, professionell als Fotograf zu arbeiten. Er suchte sich aufregende Objekte, interessante Szenen und überredete seine Frau, ihm für einige Aufnahmen Modell zu stehen. Aus den ersten zehn Filmen, die er je in seinem Leben verknipst hatte, suchte er einige Bilder aus, schickte sie an eine Filmhochschule und wurde prompt als einer von 10 aus 4 000 Bewerbern ausgesucht. Heute arbeitet er unter anderem mit Models wie Claudia Schiffer zusammen und hat einige sehr ergreifende Bildbände über Osteuropa veröffentlicht. Es hat damit angefangen, dass er so getan hat, als wäre sein Traum bereits wahr.

Natürlich wird nicht jede Vision so schnell zum Ziel kommen. Aber das ist auch nicht entscheidend, es geht um das Prinzip. Um die Frage, ob Sie sich wirklich auf Ihre eigenen Wünsche und Sehnsüchte einlassen können oder ob das meiste abstrakt bleibt. Das alles kann am Anfang viel Einsatz fordern. Aber denken Sie an Leute wie Maxim Gorki, der eigentlich Bäcker war und jede freie Minute nutzte, um Schreiben zu können – solange, bis er davon leben konnte. Er war anfangs real noch ein Bäcker, in seinem Herzen aber bereits der Schriftsteller, der er werden wollte.

Fangen Sie an, vom Ziel her zu denken. Seien Sie mit Ihren Gedanken, Worten und Taten schon ganz bei und in Ihrem Traum. Josef war auch in der Grube und im Gefängnis nicht nur bereit, jeden Moment in die erträumte Position zu springen, er wurde auch von dieser Vorstellung gehalten und bewahrt. Das Denken in die Zukunft hilft vor allem deshalb, weil es Ihnen klar macht, dass Sie unterwegs sind. Und nur, wenn Sie das leben, überwinden Sie den Stillstand. Vielleicht überlegen Sie einmal ganz konkret – wenn Sie bereits wissen, wovon Sie träumen –, was davon in Ihrem Leben schon jetzt größeren Raum einnehmen kann. Wo wird Ihr Traum schon jetzt sichtbar? Woran erkennt ein Außenstehender, dass Sie ein Ziel haben? Wer so lebt, als ob sein Traum wahr wäre, wächst mit ihm.

7. Trenne das Gute vom Besten

Zu einer gesunden Entwicklung Ihrer Träume gehört, dass Sie sich einige Fragen immer wieder stellen: »Wo ist mein Traum auch für andere wichtig? Ist mein Traum wirklich größer als ich? Worum geht es mir eigentlich?« Denn nur dann gewinnen und bewahren Sie auch die über Sie hinausgehende Perspektive. Noch einmal: Wenn Sie einmal angefangen haben zu träumen, kann es sein, dass sich in Ihnen ein Schwall unterdrückter Sehnsüchte löst, der Sie nur so überschwemmt. Das ist ja auch kein Wunder. Das menschliche Gedächtnis hat die sehr heilsame Angewohnheit, Dinge im Laufe der Zeit zu verklären. Gutes wird noch ein bisschen ausgestaltet, Schlechtes herabgemildert. Denken Sie mal an den letzten verregneten Urlaub. Erinnern werden Sie sich vor allem an die zwei schönen Tage. Das ist für die Seele ganz gesund. Und trotzdem bleibt der Ärger über das Misslingen irgendwo in uns vergraben und äußert sich in dem Streben, doch anders zu sein. Und keiner dieser Wünsche ist an sich schlecht – aber nur wenige sind der Teil des Traumes, der nicht nur kosmetische Schönheitsreparaturen an Ihrer Alltagstauglichkeit vornimmt, sondern Sie zu dem führt, was Sie sein könnten.

Und eines der wichtigsten Kennzeichen eines Lebenstraumes ist eben seine Außenwirkung. Da, wo Ihr Traum größer ist als Sie, gewinnt er seine eigentliche Kraft, da erkennen Sie, dass Sie Teil eines Ganzen sind. Für viele Menschen wird das Trennen von individualistischen und gesellschaftlich relevanten Träumen zu einer großen Herausforderung. Glück und gelingendes Leben werden Sie aber niemals in privaten Erfolgen, sondern immer nur da finden, wo Sie in dem großen Gesellschaftspuzzle mit Ihrem Teil eine Lücke schließen und damit wieder ein Stück vom Reich Gottes sichtbar machen. Vielleicht helfen Ihnen folgende Fragen dabei weiter:

Da, wo Ihr Traum größer ist als Sie, gewinnt er seine eigentliche Kraft, da erkennen Sie, dass Sie Teil eines Ganzen sind.

- Wem tut mein Traum gut?
- Warum ist mein Traum wichtig?
- Welche Ziele könnte Gott mit meinem Traum haben?
- Warum ist dieser Traum lebensrelevanter als ein anderer?
- Wie weit reicht die Kraft meines Traumes?
- Was wäre, wenn mein Traum unbegrenzt wahr würde?
- Geht es mir um mich oder um Gottes Ehre?

8. Teile deinen Traum mit Gott

Vergessen Sie bitte in keinem Stadium, regelmäßig Ihre Vision vor Gott zu bringen. Es ist so wichtig, dass Sie einen Traum immer auch als einen geistlichen Prozess sehen, in dem Sie mit den Ihnen von Gott anvertrauten Pfunden wuchern sollen. Wenn Sie sich keine Zeit nehmen, sich vor Gott zu öffnen, kann es leicht passieren, dass Sie Ihre eigenen Fantasien mit einem Traum Gottes verwechseln. Machen Sie sich bewusst, dass Gottes Wort die eigentliche Richtschnur ist. Wenn Sie sich das nicht immer wieder sagen, können Sie irgendwann Quelle und Fluss nicht mehr auseinanderhalten und dann kann es auch leicht passieren, dass Sie die Richtung aus dem Auge verlieren. Gott ist die Quelle unserer Träume und er kann uns besser als jeder andere bei der Verwirklichung helfen. Wenn Sie beten, dann bringen Sie die Träume zurück zu ihrem Ausgangspunkt und verhelfen ihnen erneut zu ihrer göttlichen Perspektive. Es kommt nun nicht mehr auf Ihre Kraft und Leistung an, sondern auf die Gottes. Und so, wie Sie darauf vertrauen können, dass der Macht Gottes nichts unmöglich ist, können Sie eben auch ein Stück Verantwortung abtreten. Es lastet nicht mehr alles auf Ihren Schultern und viele Menschen erleben schon durch diese Befreiung soviel Auftrieb, dass sie ihre Träume mit ganz neuem Elan angehen können.

Wenn Sie sich keine Zeit nehmen, sich vor Gott zu öffnen, kann es leicht passieren, dass Sie Ihre eigenen Fantasien mit einem Traum Gottes verwechseln.

Erst im Gebet bekommen Sie eine Ahnung davon, dass Gottes Handeln Ihre Vorstellungskraft bei weitem übersteigt – und sie zugleich weitet, weil Sie Ihre eigenen Erwartungen immer mutiger formulieren. Gott erst gibt unseren Träumen ihre eigentliche Dimension und Größe. Wer seine Träume allein realisieren will, setzt sich selbst unter einen unerträglichen Druck. Es gibt wohl keinen Menschen, der einen Traum Gottes wirklich allein mit eigener Kraft umsetzen könnte. Aber es gibt überall Menschen, die Gott befähigen möchte, seinen Traum zu leben. Dazu brauchen Sie aber den ständigen Austausch mit ihm.

Machen Sie sich doch einfach einmal einen Gebetsplan, in dem Sie Ihre Träume fest als Thema einplanen. Nehmen Sie sich täglich Zeit dafür, damit Sie dranbleiben, und versuchen Sie nicht nur, Ihre bunten Fantasien, sondern auch Ihre Zweifel und Ängste vor Gott zu bringen. Er kann damit umgehen. Lassen Sie sich von Gott in Ihrem Traumprozess begleiten. Das heißt auch, dass nicht nur Bitte, sondern auch Lob und Dank in Ihren Gebeten Platz haben sollten. Jeder erfolgreiche Schritt auf dem Weg zu Ihrem Ziel ist ein Geschenk Gottes und hilft Ihnen, noch mutiger auszuschreiten. Aber wenn Sie Gott um etwas bitten, dann bitten Sie ihn auch um Mitträumer, Freude, Hoffnung, gute Ideen und darum, dass Sie immer wieder seine Dimensionen in Ihren Träumen entdecken. Wenn Sie mit Gott so intensiv unterwegs sind, wird Ihr Traum schneller wahr werden, als Sie es sich je erhofft haben. Und Sie werden wie Josef Wartezeiten als Reifezeiten erleben.

9. Pflege deinen Traum

Ganz gleich, wie schnell Sie zu Ihrem Traumziel unterwegs sind: Sie brauchen immer wieder Zeiten, in denen Sie kurz anhalten, zurückblicken, den Kurs neu stecken und Energie sammeln. Vieles in unserer Welt ändert sich heute sehr schnell und es kann passieren, dass Sie zwischendurch manches an Ihren Plänen ändern müssen. Das ist keine Gefahr, sondern eine Chance. Ein solcher Halt dient immer auch der Zwischenauswertung: Welche Etappen habe ich bereits hinter mich gebracht? Was hat sich auf dem Weg verändert? Was ist das nächste Etappenziel? Glaube ich eigentlich noch, dass ich mein Ziel erreichen werde? Habe ich noch genug Energie oder sollte ich erst einmal wieder auftanken? Wichtig ist, dass Sie Ihren großen Traum in messbare Ziele einteilen: Wann möchte ich wie (bzw. wo) sein? Es kann zwar passieren, dass Sie bei der ersten Auswertung erkennen, dass Sie weit hinter Ihren Erwartungen zurückgeblieben sind. Dafür können Sie aber die nächste Etappe umso besser und realistischer konzipieren. Zu viele Träumer brausen einfach los und verlieren unterwegs die Orientierung. Damit das nicht passiert, gehört zu jedem Traum die richtige Pflege.

Nichts auf Ihrem Weg wird aus Zufall geschehen. Und genau darum gilt der alte Satz: Rechne mit dem Besten, aber bereite dich auf das Schlimmste vor. Machen Sie sich mit den Schwierigkeiten vertraut, fragen Sie viele Menschen um Rat, überschlagen Sie die Kosten und machen Sie sich im Vornherein Gedanken, wie Sie mit bestimmten Problemen umgehen könnten. Sie sollten dabei keinesfalls den optimistischen Ansatz verlieren, aber es ist traurig, wenn ein Zwischenfall Sie aus der Bahn wirft, nur weil Sie nicht darauf vorbereitet waren. Wer in den Urlaub fährt, der nimmt Ersatzrad, Verbandskasten, Werkzeug und Benzinkanister ja nicht mit, weil er ein Angsthase ist, der

Rechne mit dem Besten, aber bereite dich auf das Schlimmste vor.

immer nur mit dem Schlimmsten rechnet, sondern weil er sich in weiser Voraussicht auf Pannen vorbereitet. Ein Träumer, der auf der Strecke bleibt, nur weil er keinen »Ersatzreifen« dabeihat, verliert viel Zeit. Vor allem aber werden Sie die Probleme nicht einfach ignorieren können, denn die ignorieren Sie nicht.

Vergessen Sie bei Ihrem Pflegeprogramm vor allem nicht, Prioritäten zu setzen. Träumer finden an allen Ecken und Enden Projekte, die sie im Rahmen ihres Traumes auch noch in die Hand nehmen können. Dieser Enthusiasmus ist faszinierend, er kann aber auch zur Gefahr werden. Man kann eben nicht zwei Hasen zur gleichen Zeit jagen. Und man hat auch in einem langen Leben nicht Zeit, alles zu tun. Es geht nie ohne Auswahl. Und wer sich nicht traut, aus den vielen Möglichkeiten seines Lebens die richtige auszuwählen, der wird erleben, dass andere für ihn wählen. Bisweilen kann es sogar notwendig sein, zwischen zwei fast gleichermaßen attraktiven und vielversprechenden Zielen auswählen zu müssen. Dann hilft nur, die vielen bereits erwähnten Fragen zu stellen, die Kosten zu überschlagen und die Notwendigkeit eines jeden Traumes noch einmal zu überdenken. Dann aber muss eine Entscheidung fallen. Wer anfängt zu träumen, wird einen unglaublichen Aufbruch erleben. Aber Aufbruch bedeutet eben auch, dass wir etwas hinter uns lassen müssen. Was müssten Sie aufgeben, damit Ihr Traum wahr werden kann? Seien Sie bei dieser Frage sehr ehrlich, denn viele hochbegabte Träumer kommen ihrem Ziel nicht näher, weil sie die Vergangenheit nicht loslassen können.

Einen Traum, der vom ersten Aufblitzen bis zur Realisation derselbe geblieben wäre, gibt es nicht. Vielleicht war das Ziel von Anfang an klar, der Weg aber wird immer überraschende Wendungen nehmen. Und auf die kann man nur reagieren, wenn man seinen Traum pflegt.

10. Fang an

Nachdem Sie alle diese Tips gelesen und vielleicht auch schon angedacht haben, bleibt nur eines: Fangen Sie an! Sie können die ersten neun Punkte bis ins Letzte ausfeilen und doch wird Ihr Traum nicht wahr, wenn Sie nicht irgendwann losgehen. Der erste Schritt mag der schwerste sein, aber Sie werden die meisten Dinge nie erfahren, wenn Sie sich nicht auf den Weg machen. Denn es kommt ein Punkt, an dem man aufhören muss, zu reden und zu bedenken, weil man ohnehin nie alle Unsicherheiten beseitigen kann und weil anfangen das Einzige ist, was weiterhilft. Es ist ein bisschen wie bei einem Trapezturner. Wenn Sie von einem Trapez zum nächsten kommen wollen, müssen Sie das Ihre irgendwann loslassen, denn sonst schwingt es in immer kleinerer Amplitude, bis Sie sich irgendwann gar nicht mehr trauen, den Absprung zu wagen.

Dass Sie während Ihres Traumprozesses Fehler machen werden, ist unvermeidlich. Aber kein Fehler kann so schlimm sein wie der, seinen Traum zu vergraben. Außerdem werden Sie nach jedem Fehler ein bisschen klüger dastehen. Gott erwartet von Ihnen nicht, dass Sie immer erfolgreich sind. Und dass Sie Fehler machen, heißt doch nicht, dass Sie auf dem falschen Weg sind! Zu einem Traum gehört ein gewisses Risiko, ohne das es – nebenbei erwähnt – auch sonst nicht in unserem Leben geht. Nur Narren haben nie Angst. Mut ist nicht Furchtlosigkeit, sondern der Wille, etwas trotz seiner Furcht zu tun. Wenn ich keine Angst habe, brauche ich auch keinen Mut. Die Kunst des Träumers ist es, seinen Traum so groß zu machen,

Kein Fehler kann so schlimm sein wie der, seinen Traum zu vergraben.

dass er stärker ist als die Angst. Lassen Sie sich von Gott tragen und denken Sie daran, dass Sie niemals tiefer fallen können als in seine Hände.

Die Kunst des Träumers ist es, seinen Traum so groß zu machen, dass er stärker ist als die Angst.

Wenn Sie jetzt schon an Ihrem Traum arbeiten und dieses herrliche »Was wäre, wenn …« wirklich einmal ausprobieren, ohne sich von irgendwelchen Ängsten und Unsicherheiten beirren zu lassen, dann überlegen Sie bitte immer auch ganz konkret, wie denn der erste Schritt aussehen könnte. Womit beginnt in Ihrem Fall die Realisation des Traumes? Schreiben Sie ihn auf einen Zettel und hängen Sie ihn an Ihren Badezimmerspiegel. Solange, bis Sie ihn getrost abnehmen können, weil Sie jetzt auf dem Weg sind. Es beginnt ein Abenteuer, wie Sie es nie zu hoffen gewagt haben.

Sie werden sich in Ihre Träume verlieben. Davon sind wir überzeugt. Sie werden wie jeder frisch Verliebte dieses Kribbeln im Magen fühlen, Ihr Herz schneller schlagen spüren, vor Aufregung nicht mehr so viel schlafen und jedes Traum-Rendezvous mit rotem Kopf und zitternden Knien beginnen. Wenn Sie das schon einmal erlebt haben, dann wissen Sie ja, dass man in diesem Zustand alle Hindernisse für überwindbar hält. Und wie in einer guten Beziehung wird sich diese Verliebtheit langsam in tiefe Liebe verwandeln, die so reich an Vertrauen, Offenheit und Nähe wird, dass der eine Teil des anderen wird, der nicht wieder wegzudenken ist. Wie eine lange Ehe brauchen Träume immer wieder Auffrischungen. Und Sie wissen sicher, dass die Beziehungen am lebendigsten sind, in denen man sich auch noch nach vielen Jahren voller Verliebtheit in die Augen schauen kann. Sie werden sich in Ihre Träume verlieben

– unhaltbar und grenzenlos. Aber Sie müssen auch den Mut finden, sie anzusprechen. Vielleicht noch unsicher und zögerlich, aber sonst »küsst Sie nie die Muse«. Das Schöne an den Lebensträumen ist, dass sie einfach zu uns gehören. Und auch wieder nicht. Denn sie sind ein Geschenk. Darum werden Sie als echter Träumer entdecken, dass Sie sich nicht in sich selbst verliebt haben, sondern in Gott. Dessen machtvollen und zugleich liebenden und sanften Segen wünschen wir Ihnen. Auf dass Ihre Träume wahr werden!

Unser Traum von Gemeinde

Damit das alles nicht so trocken bleibt, würden wir Ihnen gerne zum Abschluss unsere gemeinsame Vision mitteilen, den Traum, den wir für unsere Gemeinde entwickelt haben. Vielleicht ist es nicht weise, das immer wieder laut zu sagen, aber wenn wir nicht lernen, unsere Träume zu teilen, werden wir sie auch nicht leben. Und wenn Sie uns in Zukunft für Träumer halten, dann fassen wir das als Lob auf, denn wir denken, dass Träumen die vorrangige Aufgabe eines Pastors ist. Nein, eigentlich ist es die vorrangige Aufgabe jedes Menschen. Fangen Sie gleich an!

Wir haben einen Traum

Wir haben einen Traum,
dass wir in dieser Gemeinde
als Brüder und Schwestern zusammenleben
und dass unsere Liebe ausstrahlt
auf die Menschen um uns herum.
Wir haben den Traum,
dass Gott unter uns ein Klima der Auferbauung
und der Ermutigung schafft
und dass wir barmherzig umgehen
mit den Fehlern, dem Versagen und den Nöten anderer.

Wir haben einen Traum,
dass es uns gelingt, offen zu sein für andere,
herzlich und authentisch,
so dass Menschen
weit über die Grenzen dieses Ortes hinaus
angesprochen werden und kommen,
um bei uns aufzutanken, Glauben zu finden,
um sich Kraft zu holen für ihren Alltag
und Rat für ihre Gemeinden.

Wir haben einen Traum,
dass die Gottesdienste unserer Gemeinde
zu einem Ereignis werden,
das Tausende von Menschen inspiriert,
Christen zu werden und als Christen zu leben.

Dass unsere Gottesdienste zu einer
lebensverändernden Erfahrung werden,
die uns glauben, lieben und hoffen lässt.

Wir haben einen Traum,
dass in unserer Gemeinde
eine Leidenschaft für Gott entsteht;
dass Gott spürbar gegenwärtig ist in unserem
Singen und Beten, Feiern und Arbeiten.
Dass unsere Frömmigkeit authentisch und ansteckend ist,
dass wir brennen für Gott, ohne fanatisch zu werden,
und dass wir Schritt für Schritt
verwandelt werden zu Abbildern der Liebe Gottes.

Wir haben einen Traum,
dass Gott uns eine Gemeinschaft werden lässt,
die die Ideale der Urgemeinde wieder für sich entdeckt
und die geeignete Strukturen ausbildet,
damit jeder Einzelne und die Gemeinde wachsen kann.
Dass wir es riskieren, neue Wege zu beschreiten,
wo die alten nicht mehr weiterführen,
und uns an nichts anderem orientieren
als am Wort Gottes, der Liebe und am gesunden
Menschenverstand.

Wir haben einen Traum
von einer Gemeinde,
in der jeder um seine Gaben weiß
und dadurch persönliche Erfüllung findet,
dass er sie dienend einsetzt
und dabei gute Arbeit leistet –
zum Heil und Wohl der anderen,
zum Aufbau der Gemeinde
und zur Ehre Gottes.

Wir haben einen Traum
von einer Gemeinde,
in der die Leiter leiten, ohne zu herrschen.
In der die hervorragende Gabe
der Leiter die ist,
andere zu inspirieren, aufzubauen
und die in ihnen schlummernden Kräfte
freizusetzen.

Wir haben einen Traum
von einer Gemeinde,
in der jeder einen Kreis von Menschen findet,
mit denen er zusammen
über Fragen des Glaubens und
über die persönlichen Belange des Lebens reden kann.
Wir träumen davon, dass solche Gruppen
uns befähigen, in unserem Alltag als Christen zu leben
und der Gemeinde zu dienen.

Wir haben einen Traum.
Es ist der Traum
von der Kirche des neuen Jahrtausends.
Es ist der Traum von einer Gemeinschaft,
in der Jesus im Mittelpunkt steht,
in der die Lebendigkeit Gottes erfahren wird
und von der Kraft und Licht ausgeht
in die Welt um uns herum.

Wir sind davon überzeugt,
dass Gott mit und durch uns
eine solche Gemeinschaft schaffen will,
und wir wollen alles dafür tun,
dass wir hier in unserer Gemeinde
nicht nur vom Leben träumen,
sondern diesen Traum leben. AMEN.

Über die Autoren

Dr. Klaus Douglass
ist seit 1989 Pfarrer der ev. Andreasgemeinde in Niederhöchstadt. Dort versucht er, seinen Traum von einer blühenden Gemeinde umzusetzen und tragfähige Konzepte für eine Kirche der Zukunft zu entwickeln. Er ist geistiger Vater des modernen Gottesdienstmodells *GoSpecial* und häufig als Redner und Seminarleiter unterwegs.

Kai S. Scheunemann
ist Diplomtheologe und Journalist und leitet die *Willow Creek*-Edition im Projektion J Verlag. Darüber hinaus ist er langjähriger Redaktionsleiter der Gemeindeaufbauzeitschrift »Praxis«. Seit September 1996 wird er vom Gemeindeaufbauverein der Andreasgemeinde Niederhöchstadt für die Leitung von *GoSpecial* bezahlt. In Schulungen und Seminaren macht er anderen Gemeinden Mut, zu träumen und ein Herz für Außenstehende zu haben.

Fabian Vogt
ist Pfarrer, Germanist und Künstler. Er betreut seit April 1998 eine von der evangelischen Kirche in Hessen und Nassau für *GoSpecial* eingerichtete Sonderpfarrstelle. Er träumt von einer Kirche, in der auch Literatur, Schauspiel und Kabarett neue Wege zu Gott aufzeigen. Er ist Mitglied von »Duo Camillo« und kreativer Leiter von *GoSpecial*.

Veröffentlichungen der Autoren

Gemeinsam

- »Ein Traum von Kirche. Wie ein Gottesdienst für Kirchendistanzierte eine Gemeinde verändert«. Asslar: Projektion J, 1998.
- »Der Gottesdienstkatalog. Gottesdienste zum Auspacken und Losfeiern«. Asslar: Projektion J, 1998.

Klaus Douglass

- »Glaube hat Gründe. Wie ich eine lebendige Beziehung zu Gott finde«. Stuttgart: Kreuz, 1994.
- »Gottes Liebe feiern. Aufbruch zum neuen Gottesdienst«. Emmelsbüll: C & P Verlag, 1998.
- »Was würde Jesus zu Claudia Schiffer sagen?« (Give away). Wiesbaden: Projektion J, 1996.
- »Was würde Jesus zu Henry Maske sagen?« (Give away). Wiesbaden: Projektion J, 1996.

Kai S. Scheunemann

- »Kirche für Distanzierte. Das Erfolgsgeheimnis der *Willow Creek*-Gemeinde«. Wiesbaden: Projektion J, 1995.

Fabian Vogt

- »So ein Theater. Eine Einführung in die Kunst, bewegend(e) Geschichten zu erzählen«. Wiesbaden: Projektion J, 1997.
- »Die Kunst des Schenkens. Von der Lust, Freude zu bereiten«. Frankfurt: Insel Verlag, 1997.
- »Was würde Jesus zu Harald Schmidt sagen?« (Give away) Wiesbaden: Projektion J, 1997.
- »Der Himmel auf Erden. Beflügelnde Engelgeschichten« (Hg.). Asslar: Schulte & Gerth, 1995.
- »Das Paradies auf Erden ... und andere Liebesgeschichten« (Hg.). Asslar: Schulte & Gerth, 1996.

Das Grundlagenbuch zu *Willow Creek*

Diese Buch ist eine prägnante und motivierende Einführung in das Modell »Kirche für Distanzierte«. Es enthält alle Informationen über Geschichte, Vision, Grundwerte und Strategie der *Willow Creek*-Gemeinde, die notwendig sind, um diese innovative Gemeinde zu verstehen und ihre Übertrgbarkeit auf unser Land zu prüfen.

Kai S. Scheunemann
Kirche für Distanzierte
Tb., 86 Seiten
Bestell-Nr. 657 066